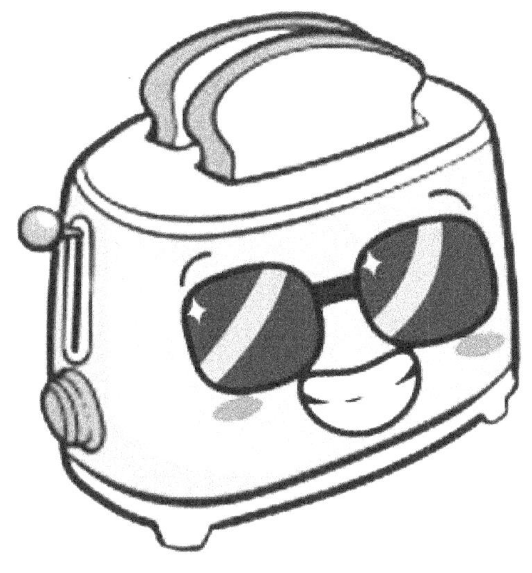
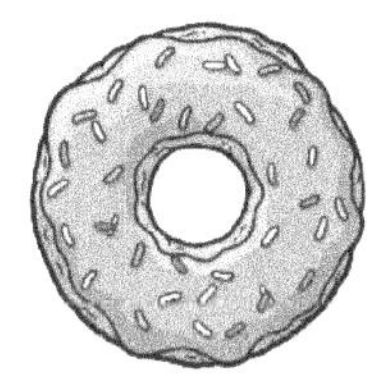

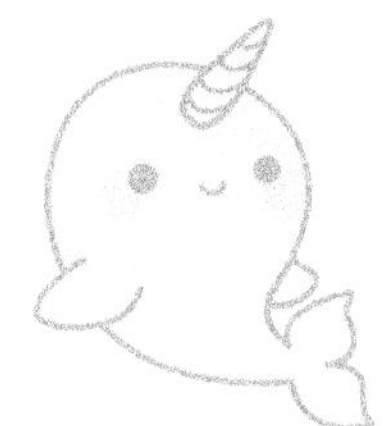
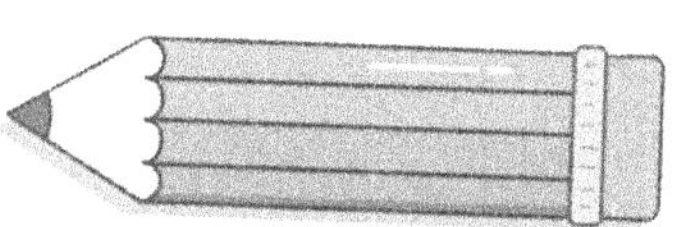

COMO DIBUJAR

101 DIBUJOS
SUPER MONOS

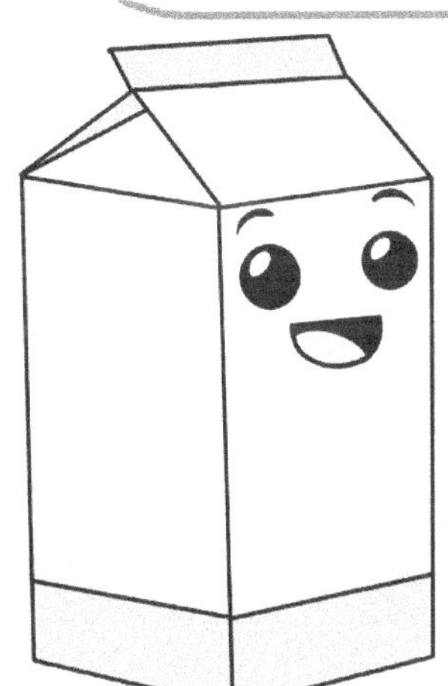
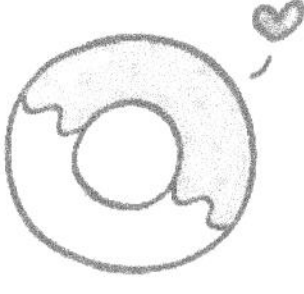
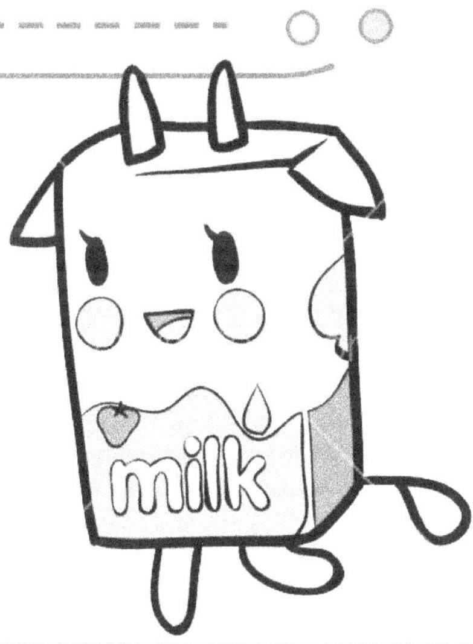

NAIMA PRESS

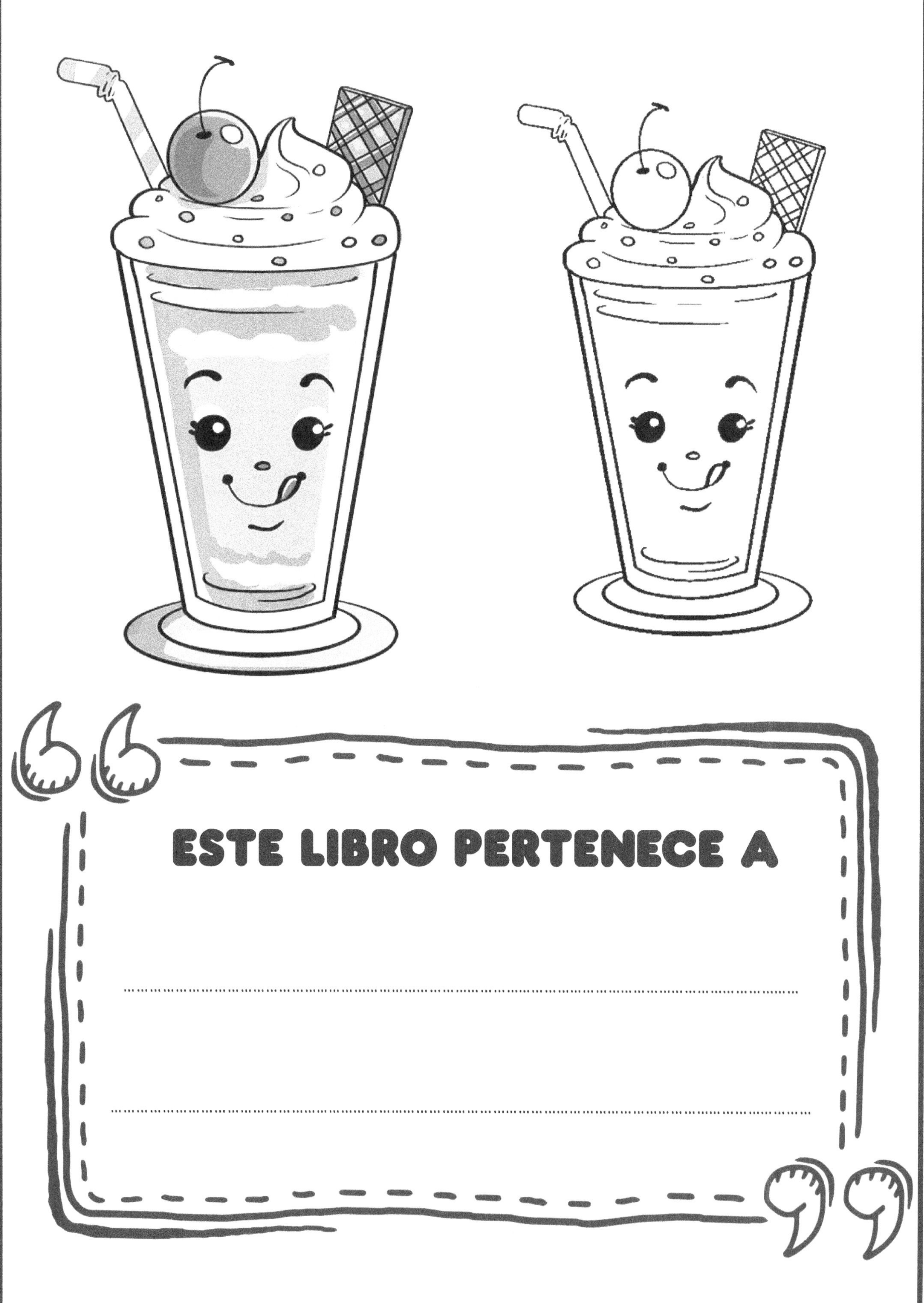

ESTE LIBRO PERTENECE A

101 DIBUJOS SUPER MONOS

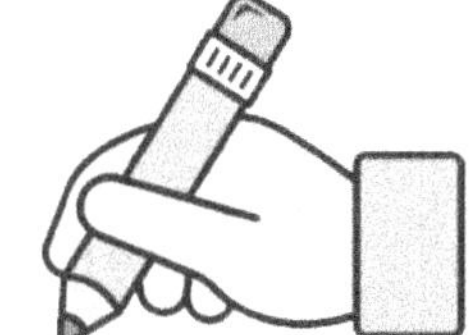

Guía de cómo utilizar este libro:

Para aprovechar al máximo este libro, siga estas instrucciones:

1. Preparar materiales como bolígrafo, papel, crayones o cualquier herramienta adecuada para dibujar. La elección de los materiales varía de persona a persona.

2. Encuentre un lugar tranquilo y bien iluminado que fomente la concentración y la creatividad. Asegúrese de que ayude con la concentración y la imaginación.

3. Acepte la importancia de un ambiente tranquilo y pacífico para una experiencia de dibujo óptima.

4. Incorpora tu imaginación y da rienda suelta a tu creatividad durante todo el proceso.

5. Siéntete libre de mejorar los gráficos con cualquier elemento que creas conveniente.

6. Comience siguiendo los pasos cuidadosamente y asegúrese de dibujar cada paso.

7. Una vez que hayas completado todos los pasos, pasa a colorear el dibujo final.

8. Crea nombres que resuenen contigo, añadiendo una capa extra de significado a tus creaciones.

¡Que comience el viaje artístico!

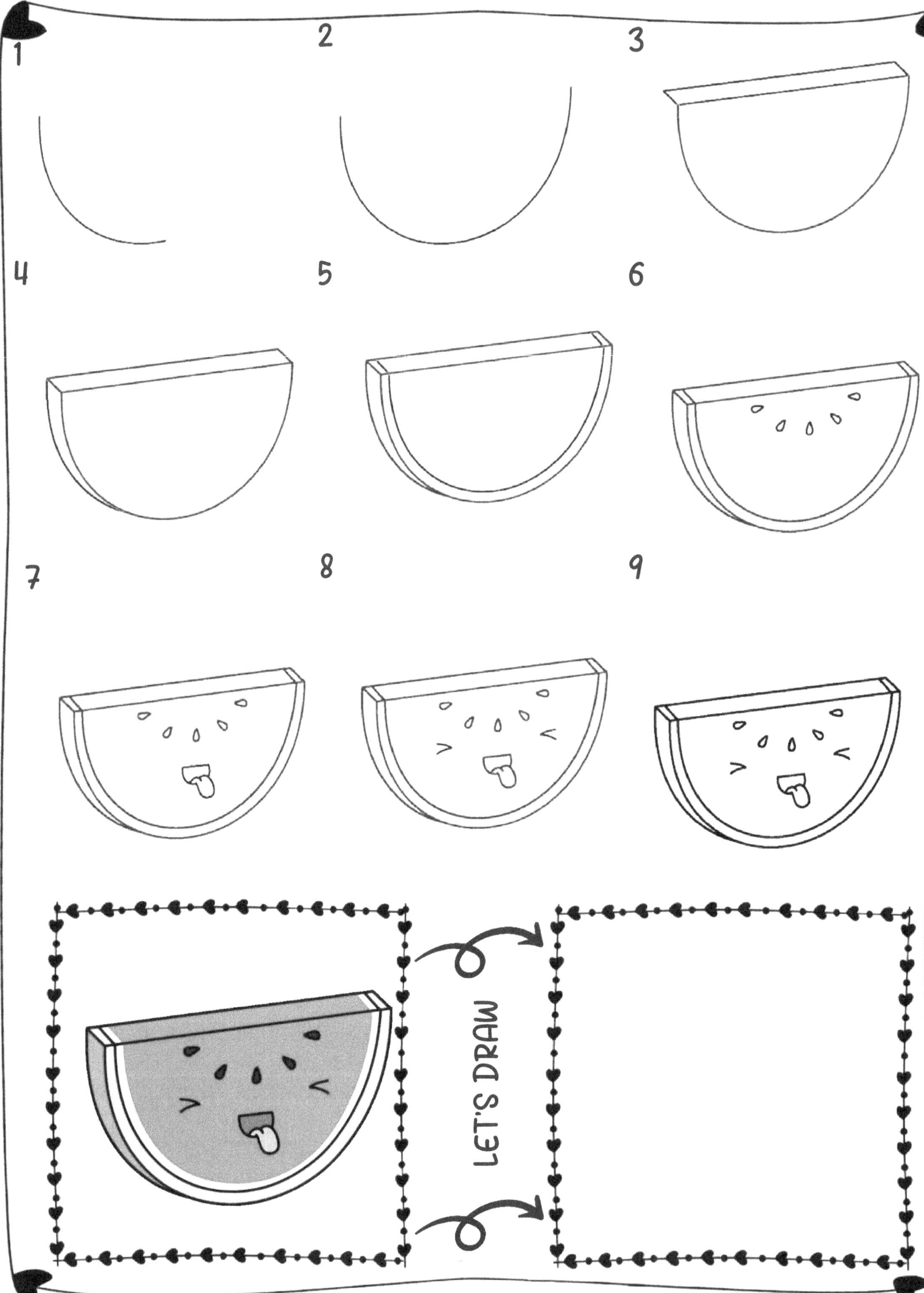

1
2
3
4
5
6
7
8
9
LET'S DRAW

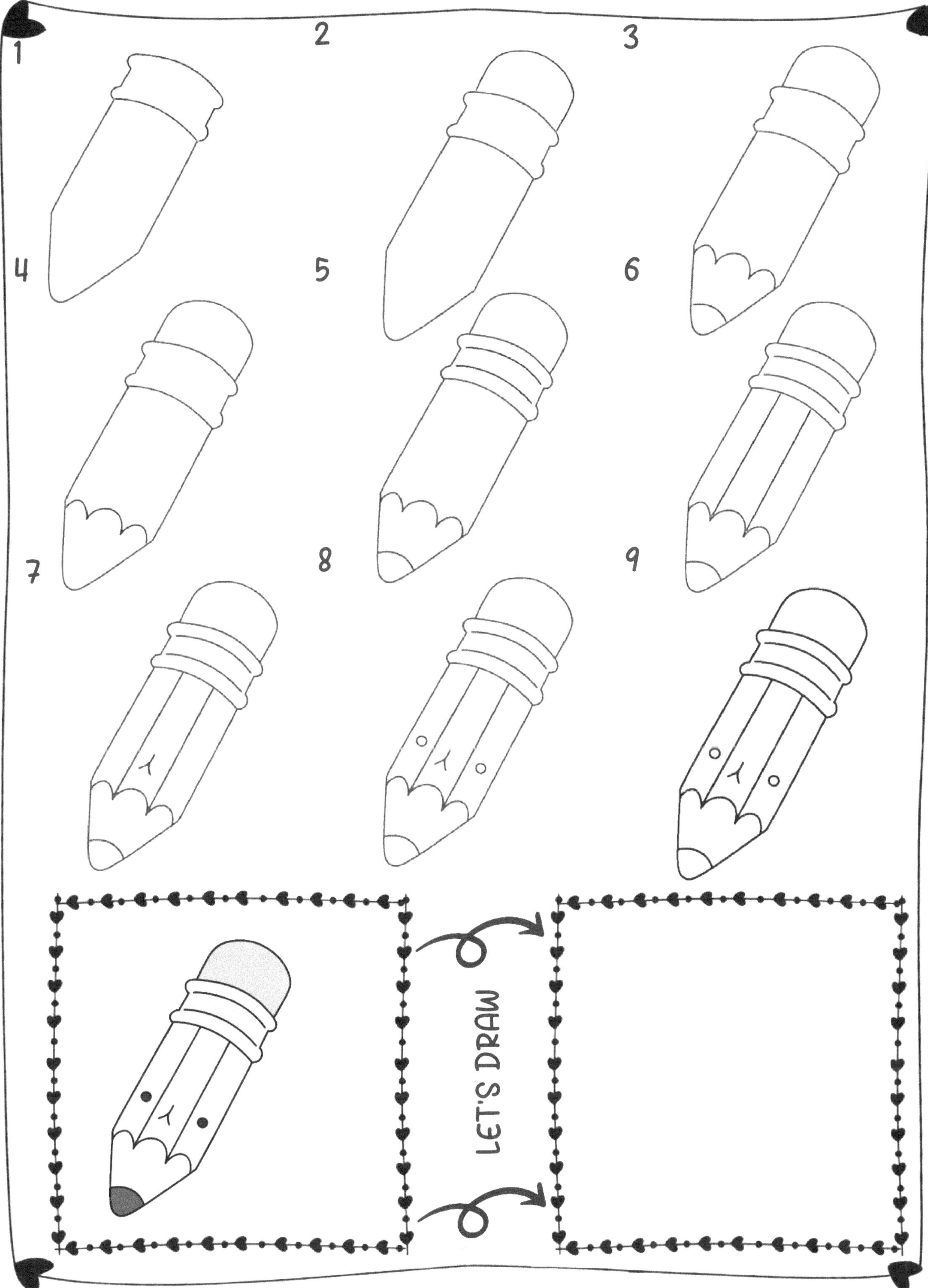

1
2
3
4
5
6
7
8
9
LET'S DRAW

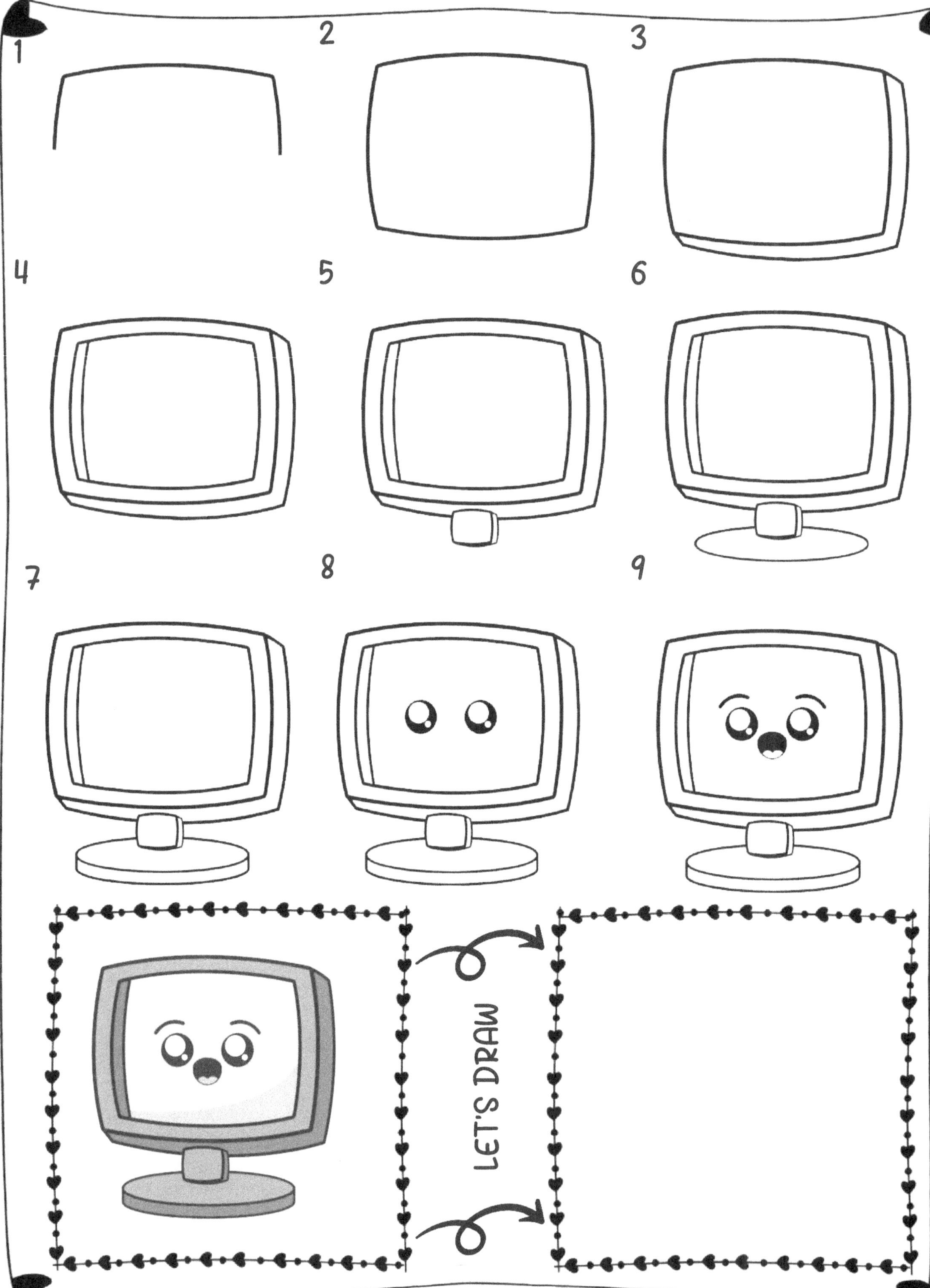

1
2
3
4
5
6
7
8
9
LET'S DRAW

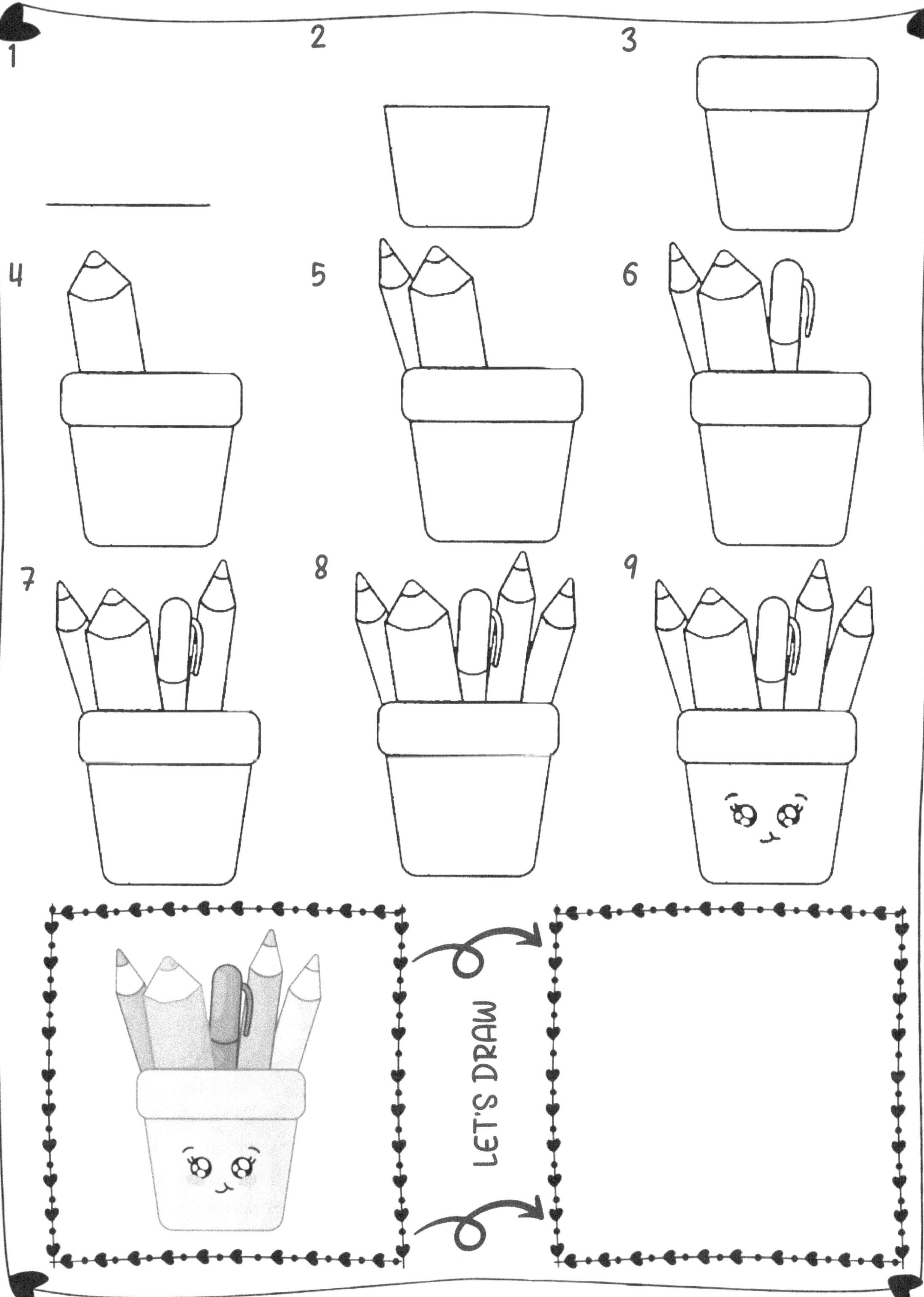

1
2
3
4
5
6
7
8
9
LET'S DRAW

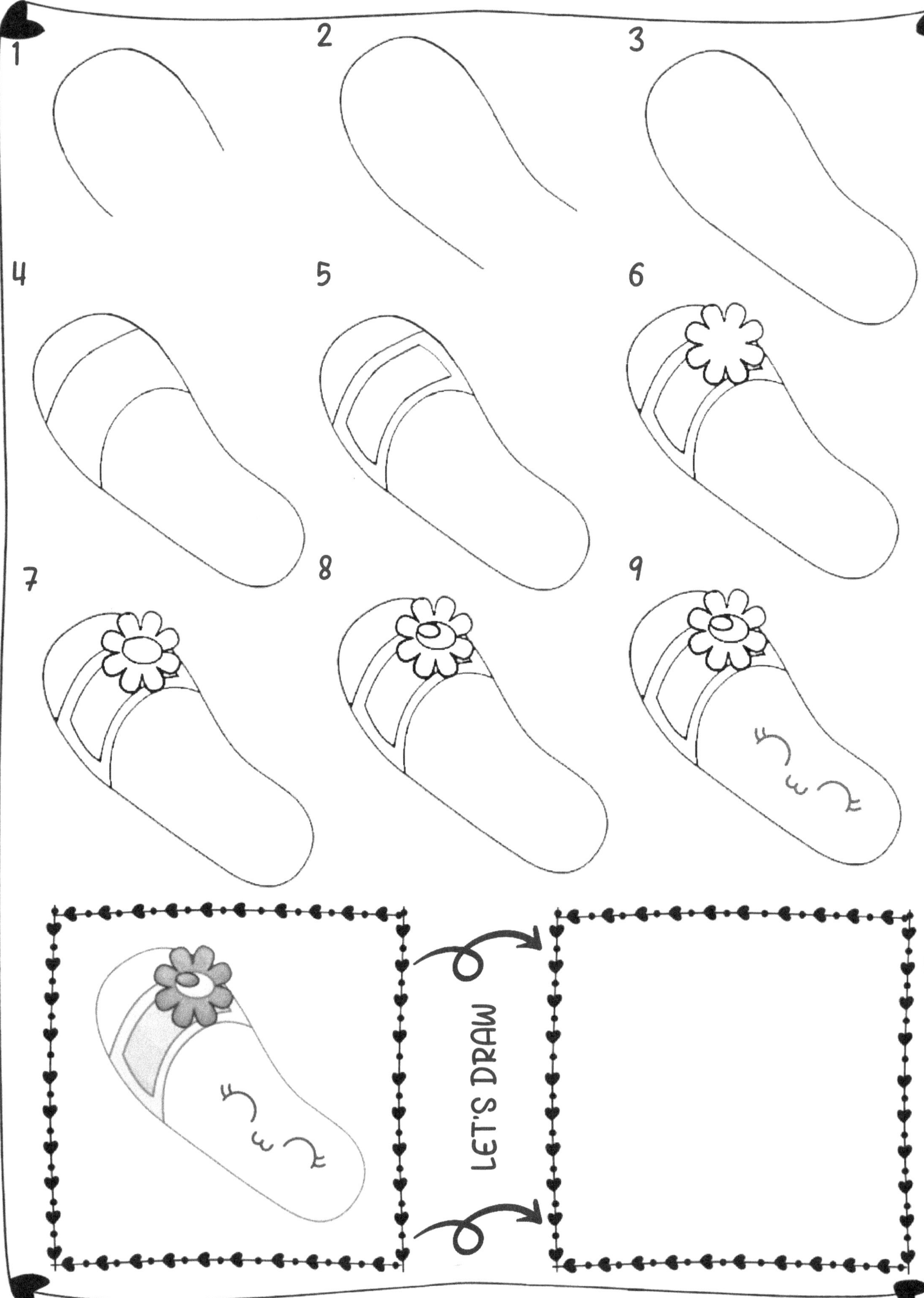

1
2
3
4
5
6
7
8
9
LET'S DRAW

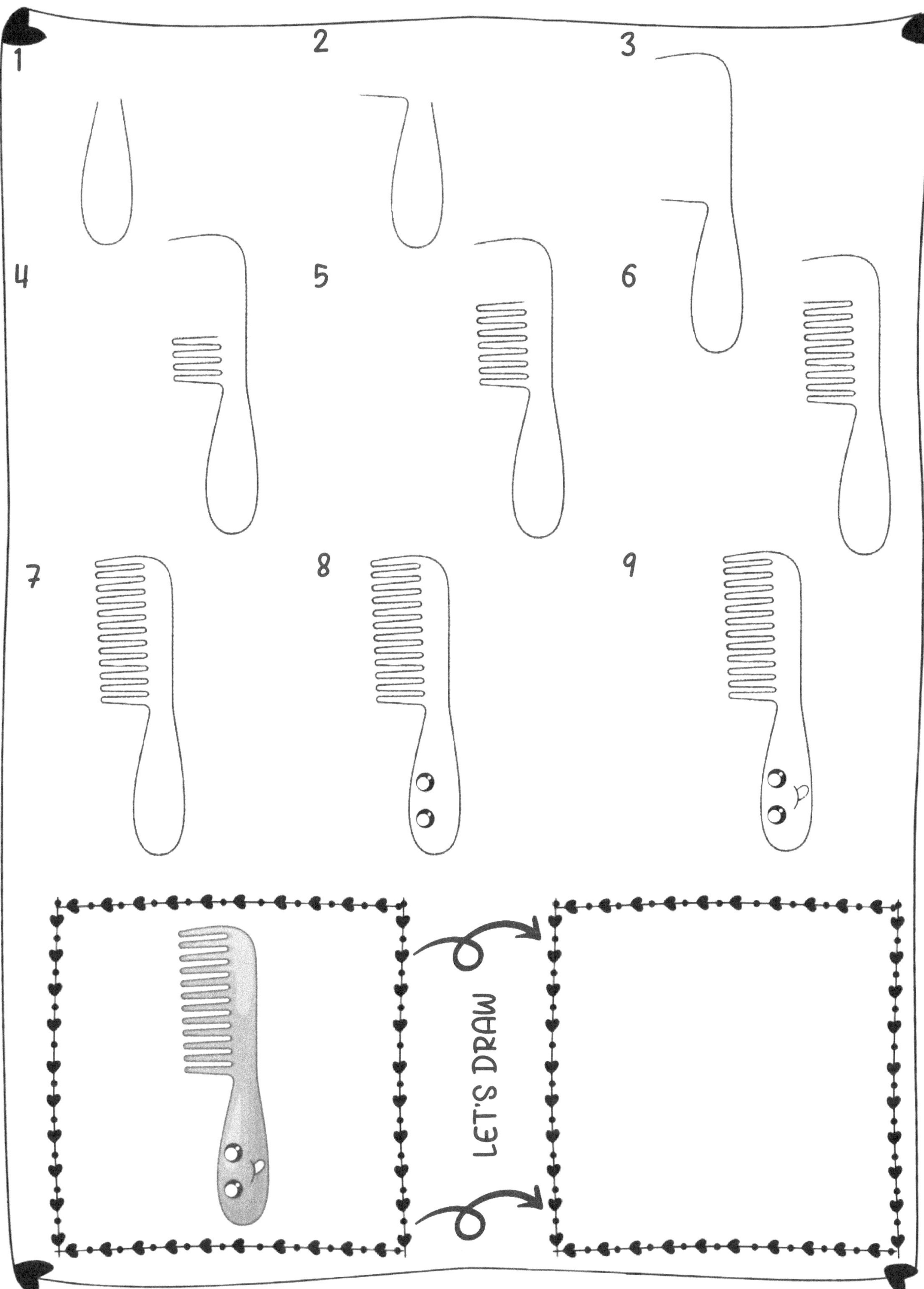

1
2
3
4
5
6
7
8
9
LET'S DRAW

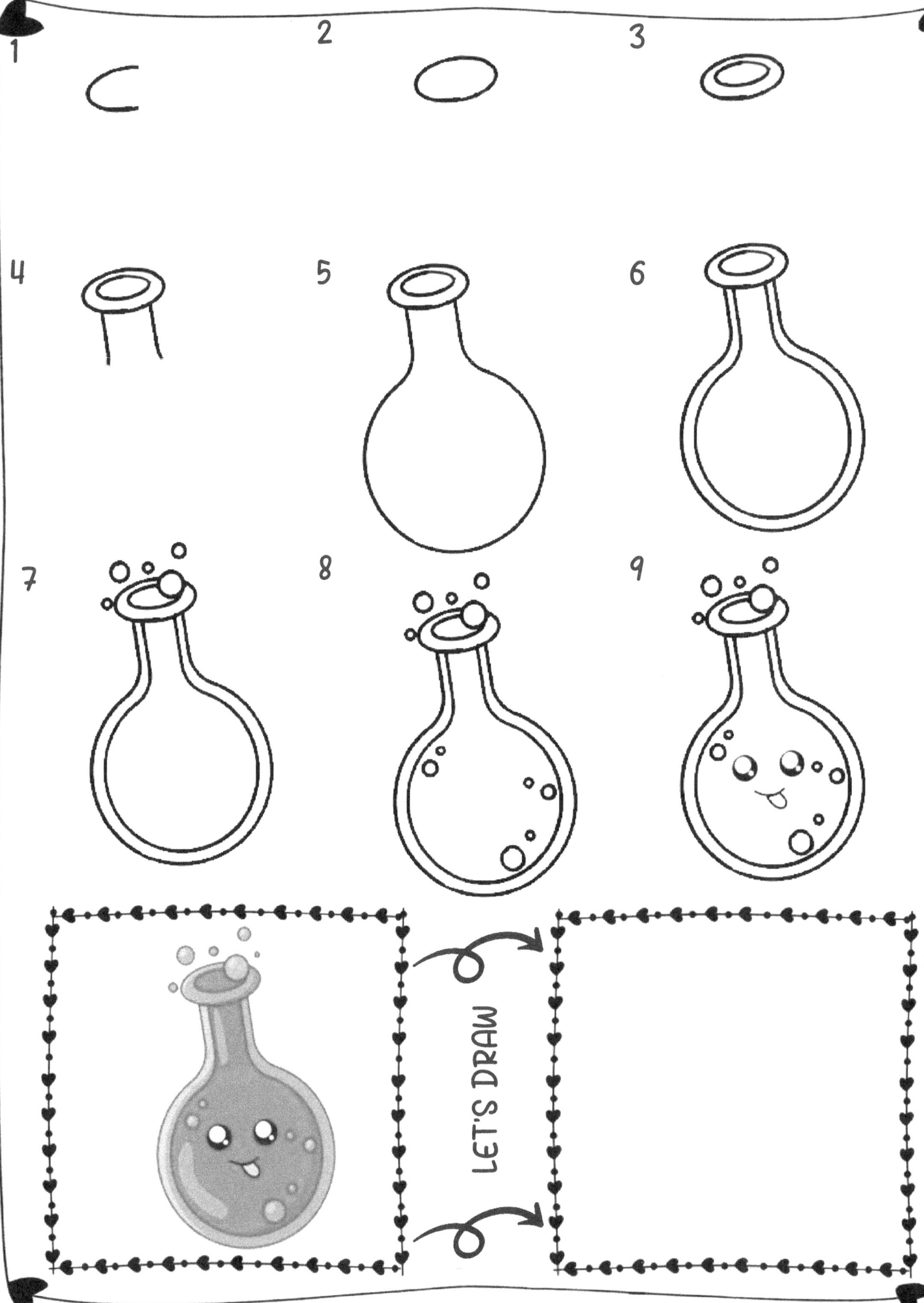

1
2
3
4
5
6
7
8
9
LET'S DRAW

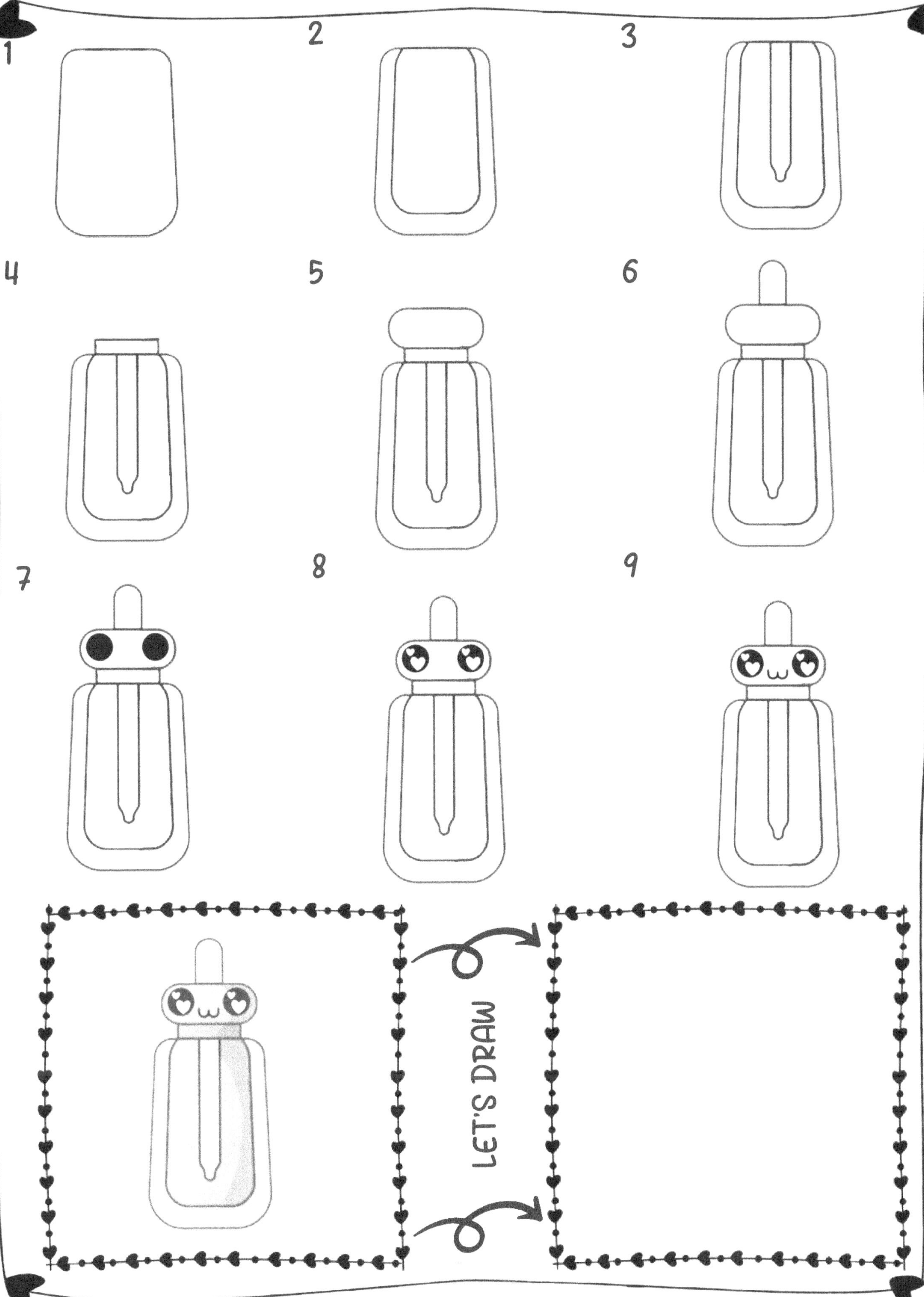

1
2
3
4
5
6
7
8
9
LET'S DRAW

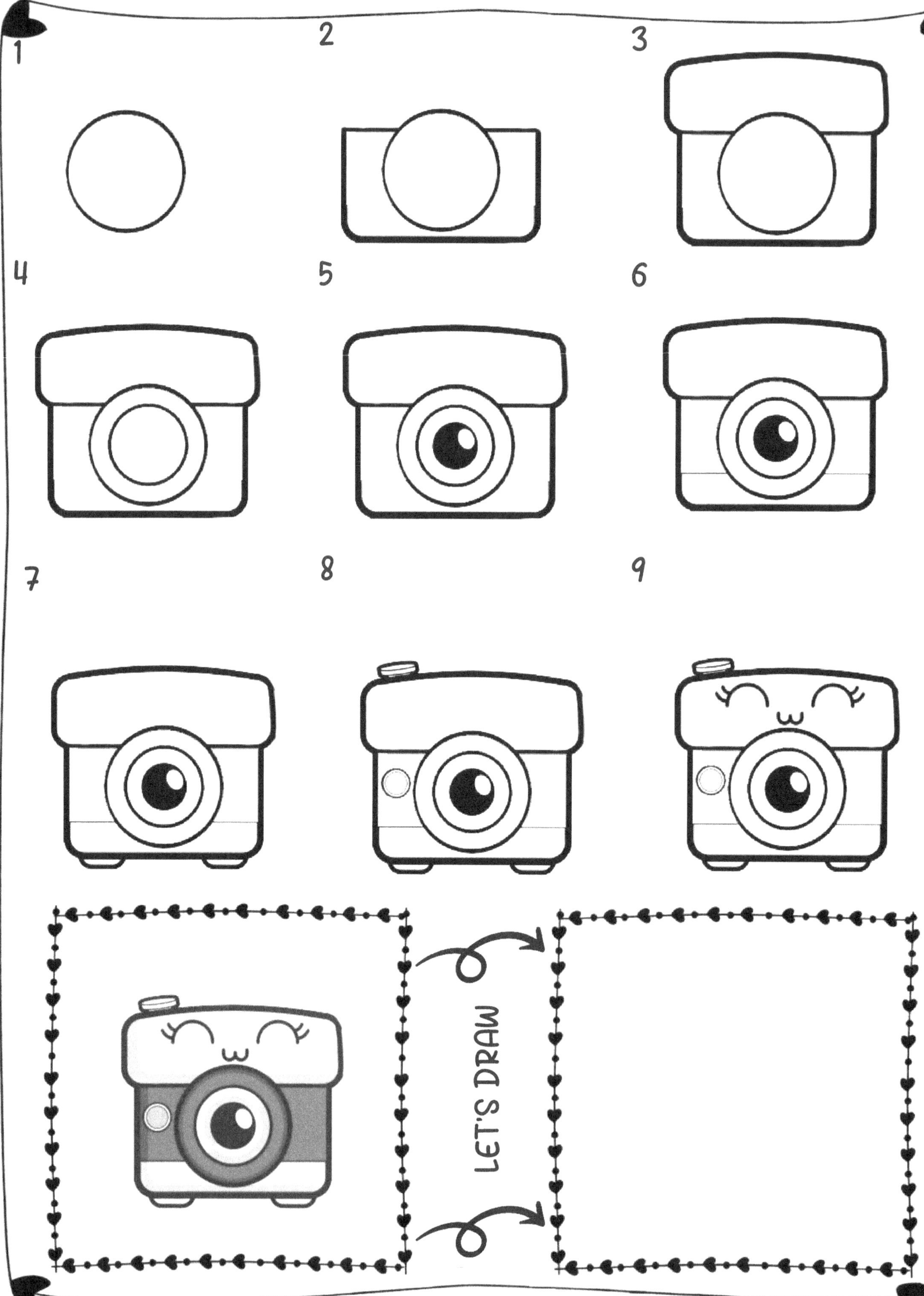

1
2
3
4
5
6
7
8
9
LET'S DRAW

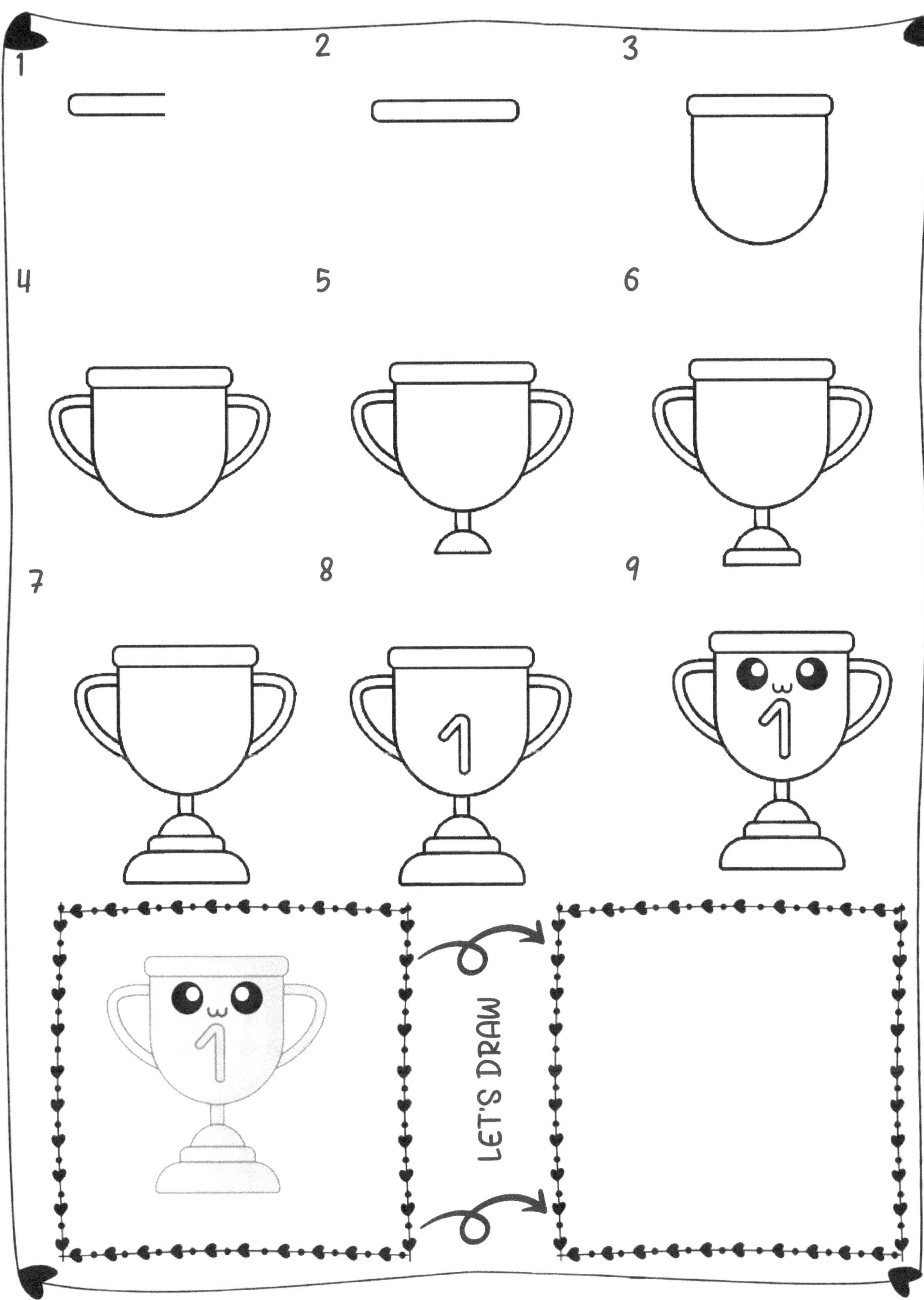

1
2
3
4
5
6
7
8
9
LET'S DRAW

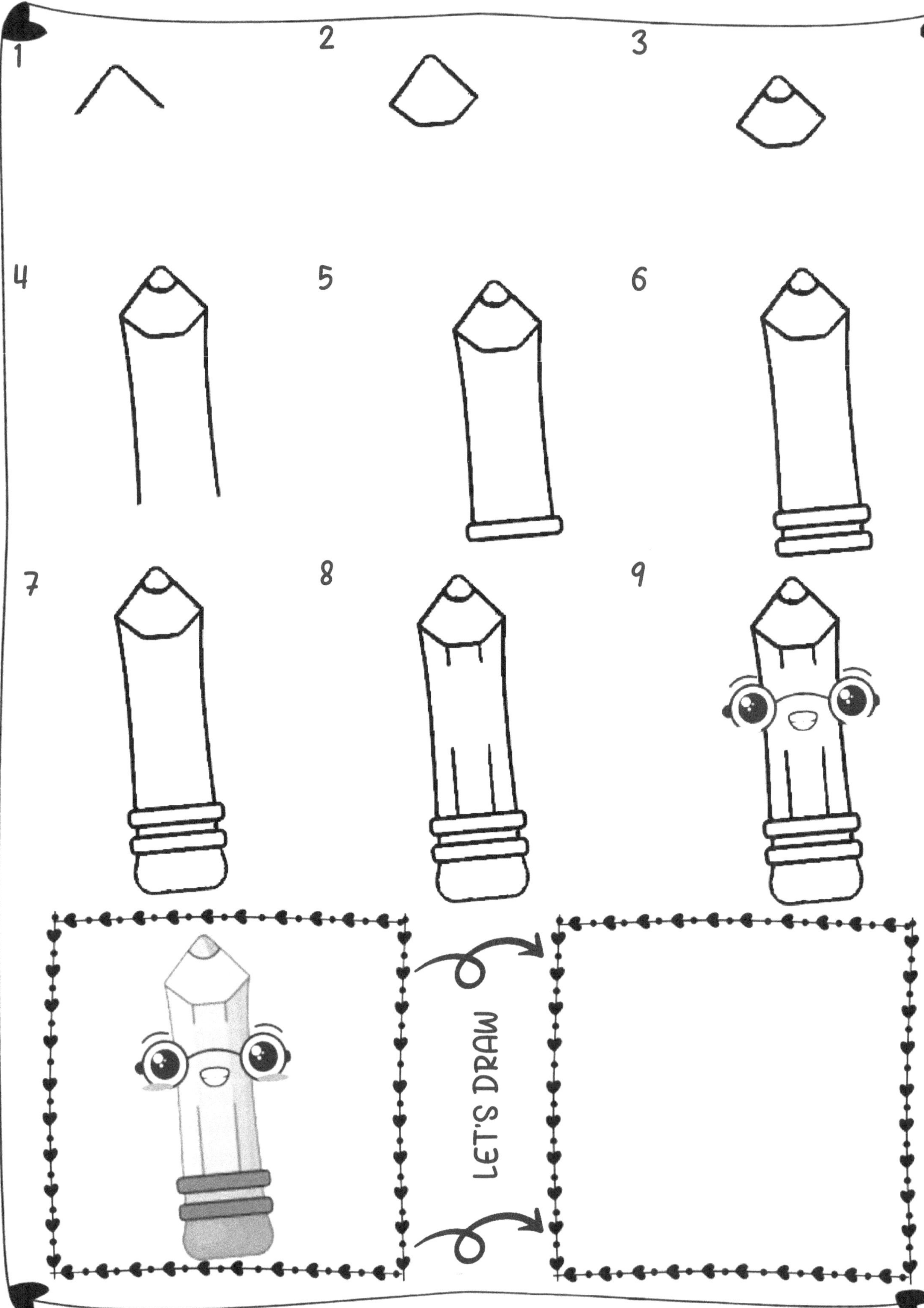

1
2
3
4
5
6
7
8
9
LET'S DRAW

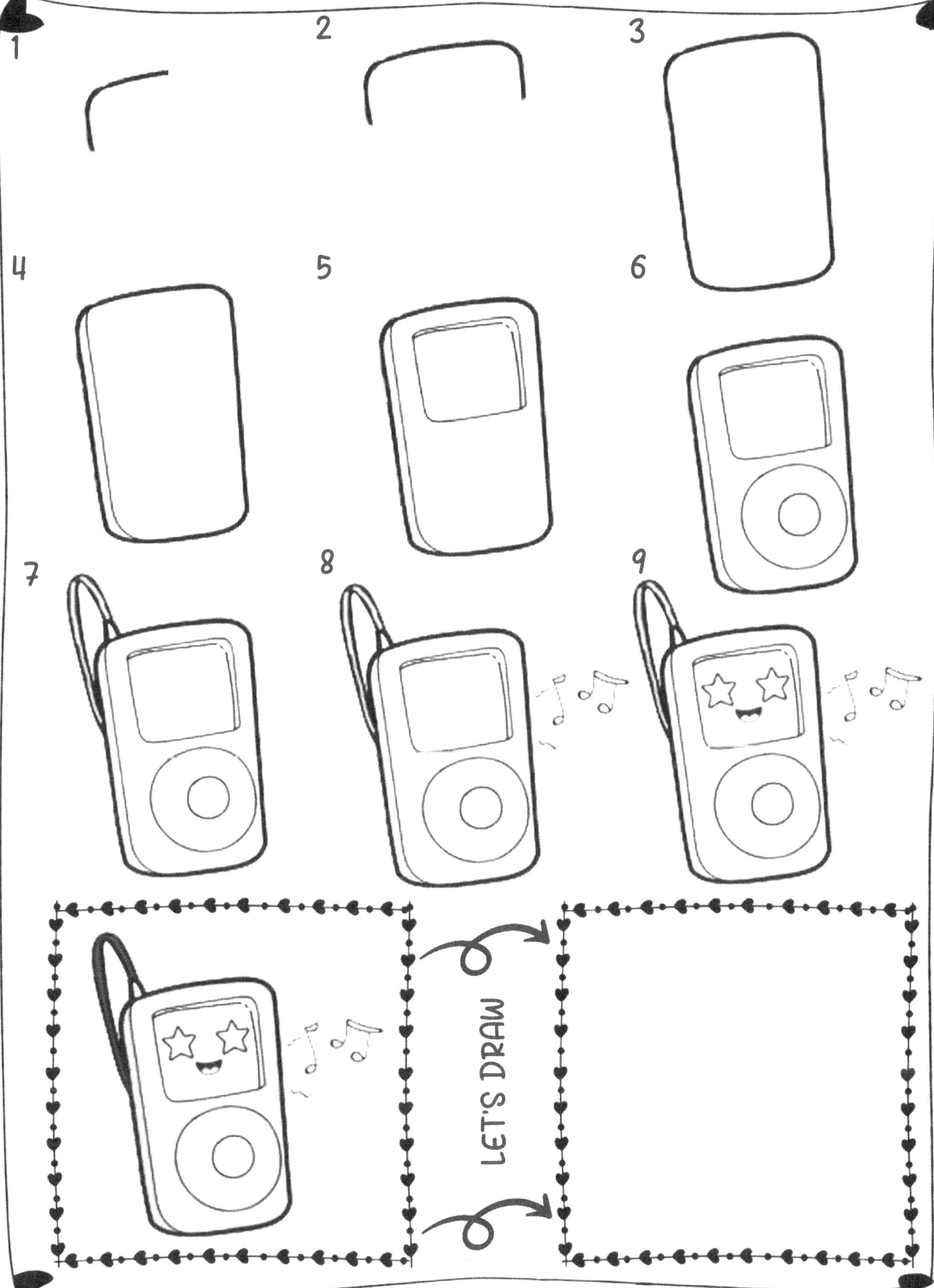

1
2
3
4
5
6
7
8
9
LET'S DRAW

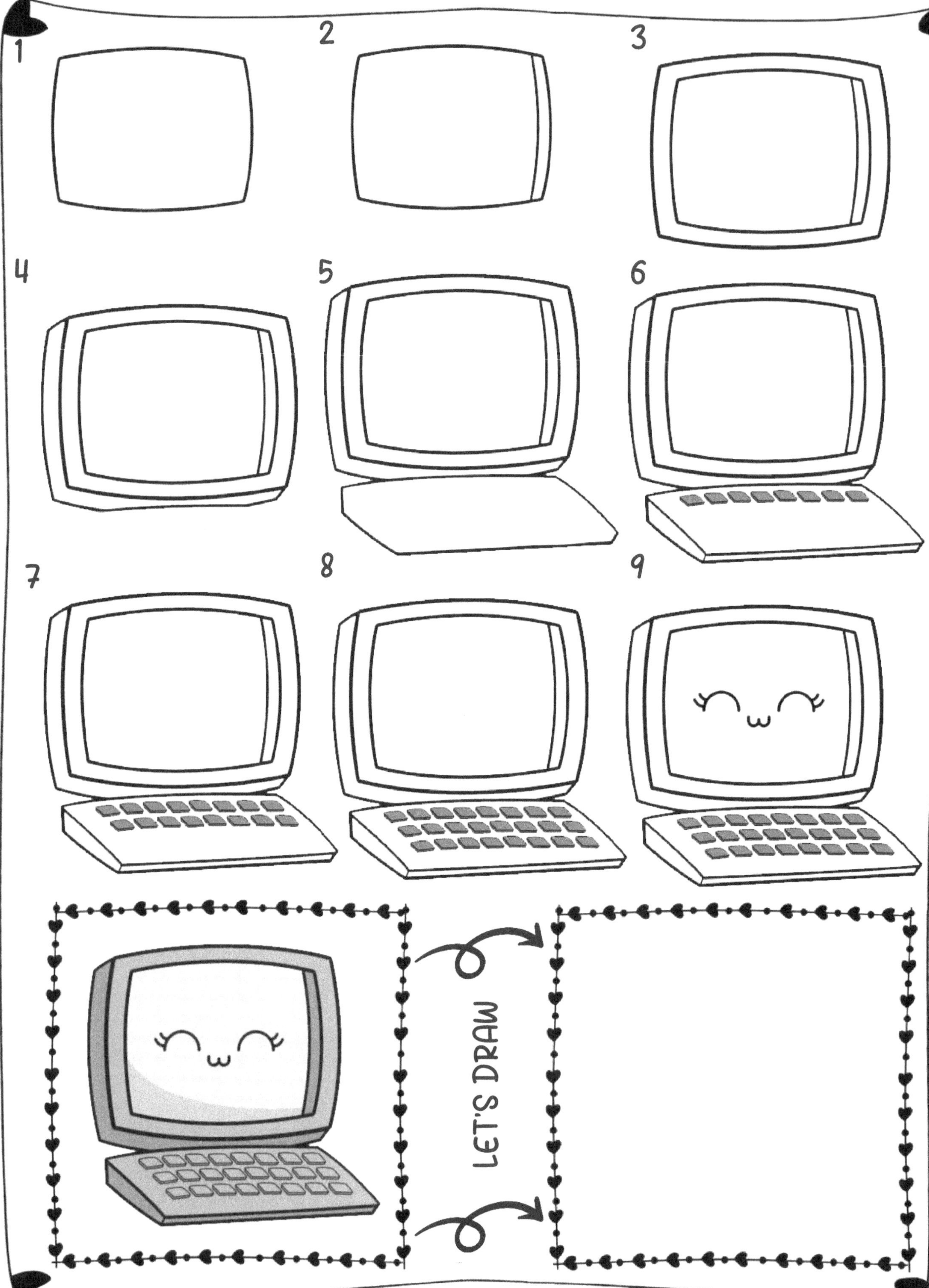
1
2
3
4
5
6
7
8
9
LET'S DRAW

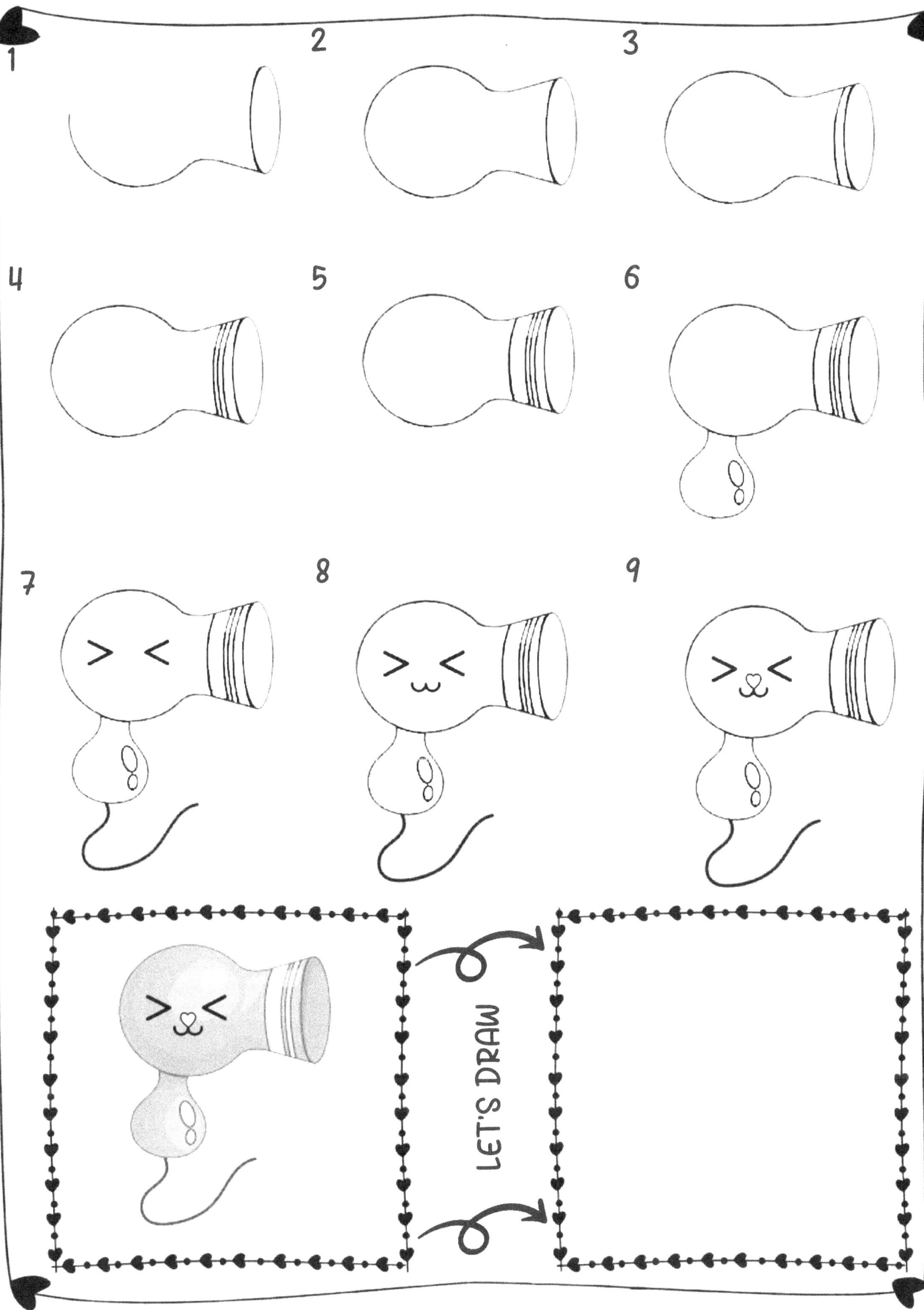

1
2
3
4
5
6
7
8
9
LET'S DRAW

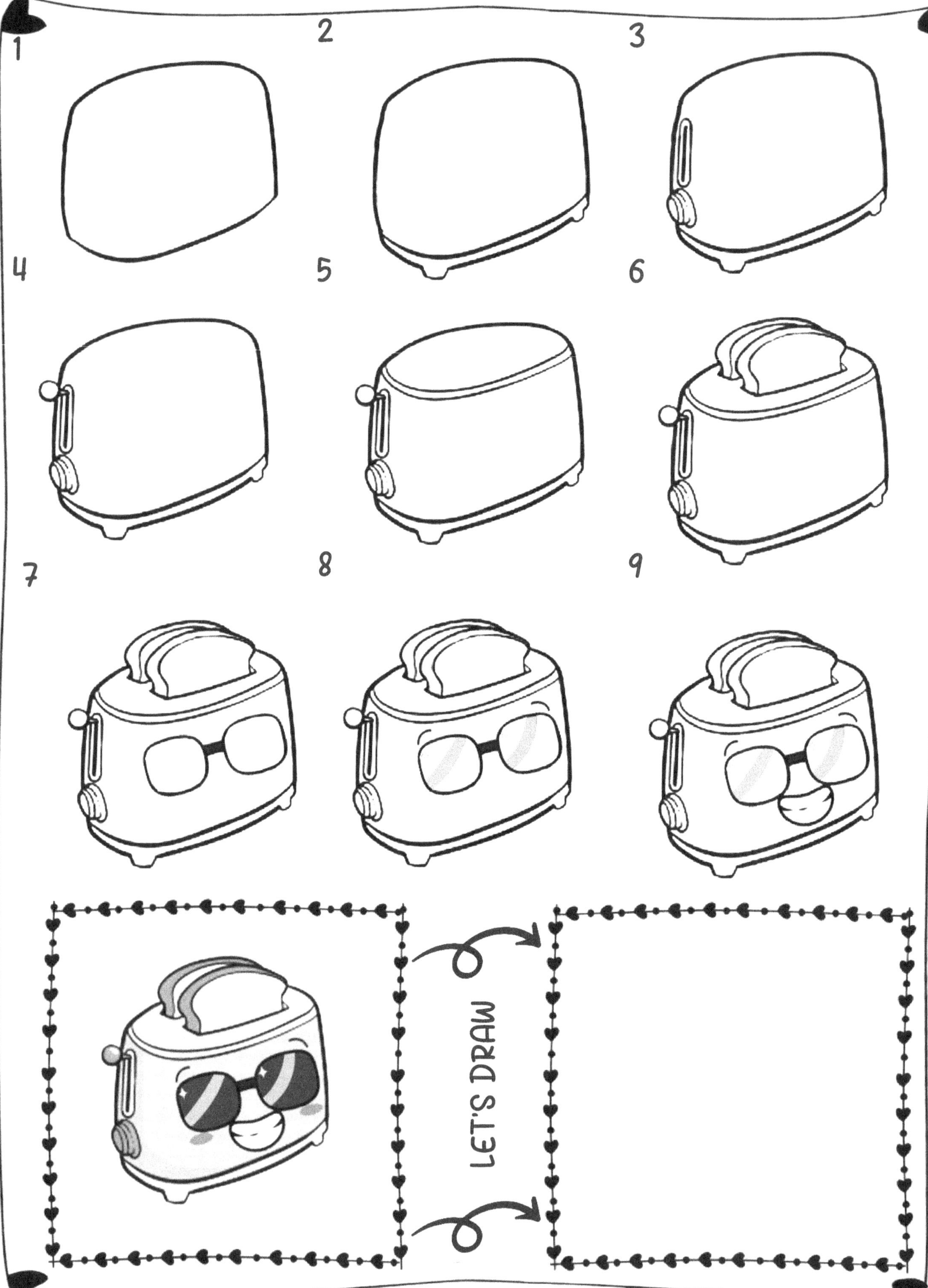

1
2
3
4
5
6
7
8
9
LET'S DRAW

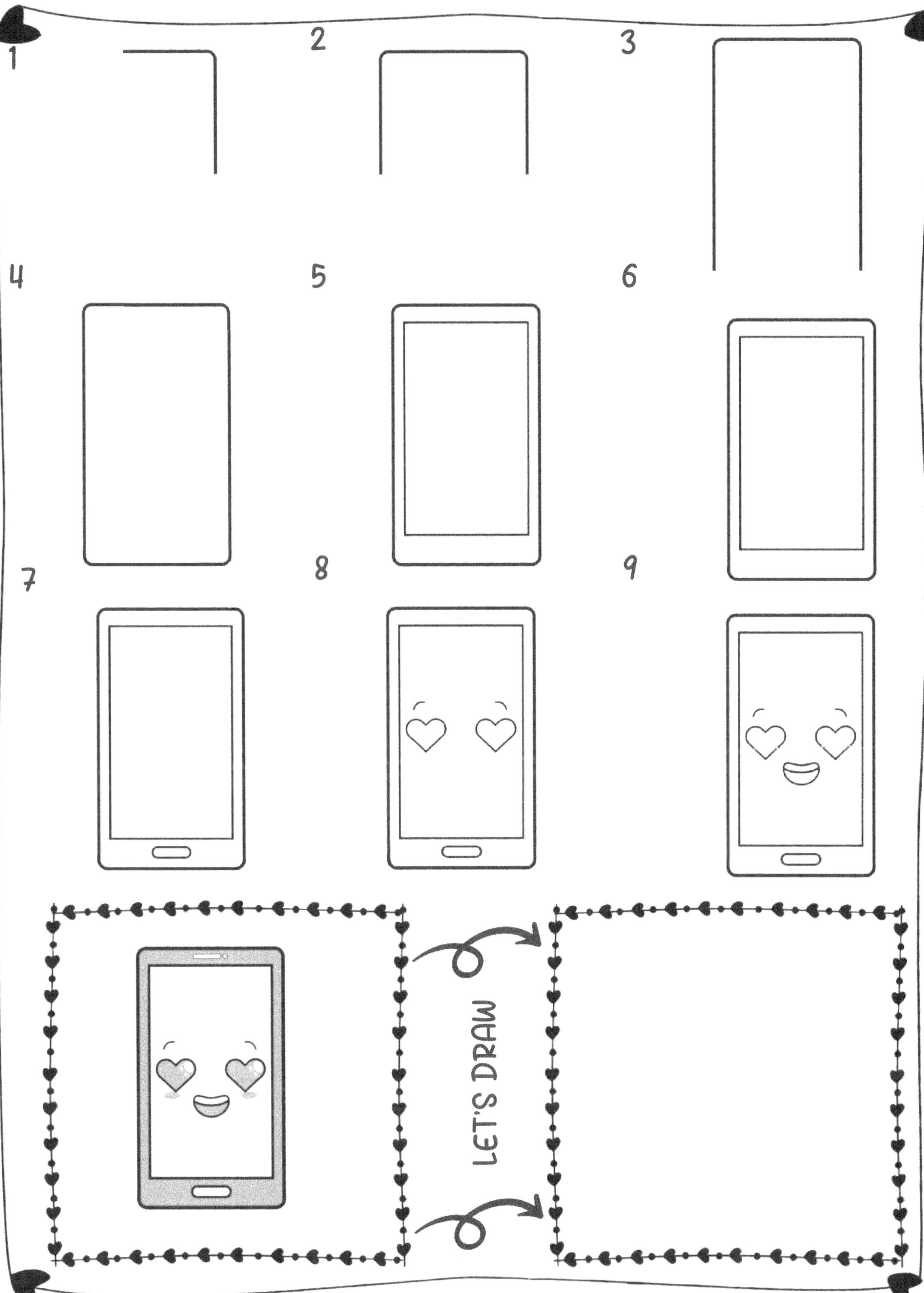
LET'S DRAW

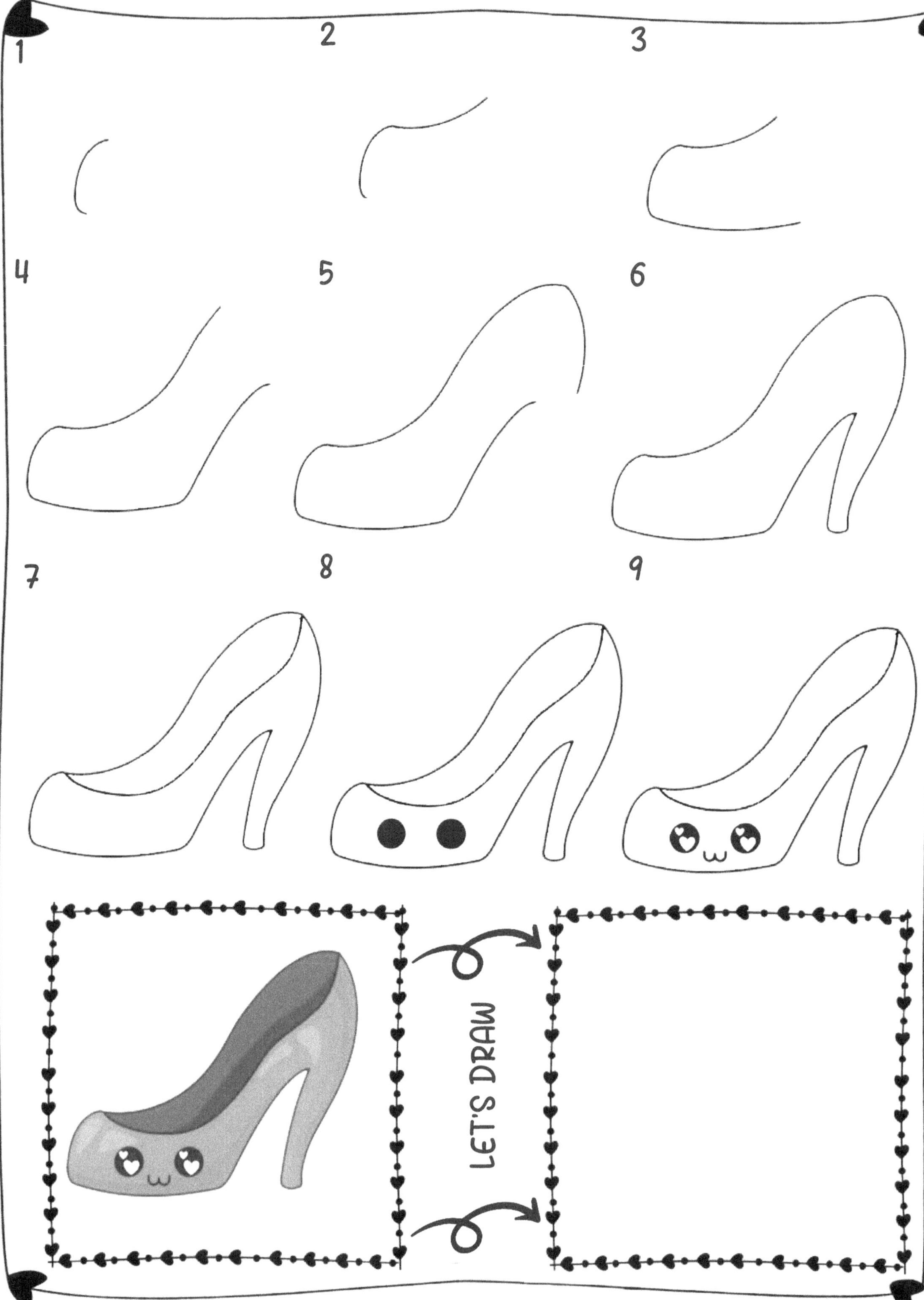

1
2
3
4
5
6
7
8
9
LET'S DRAW

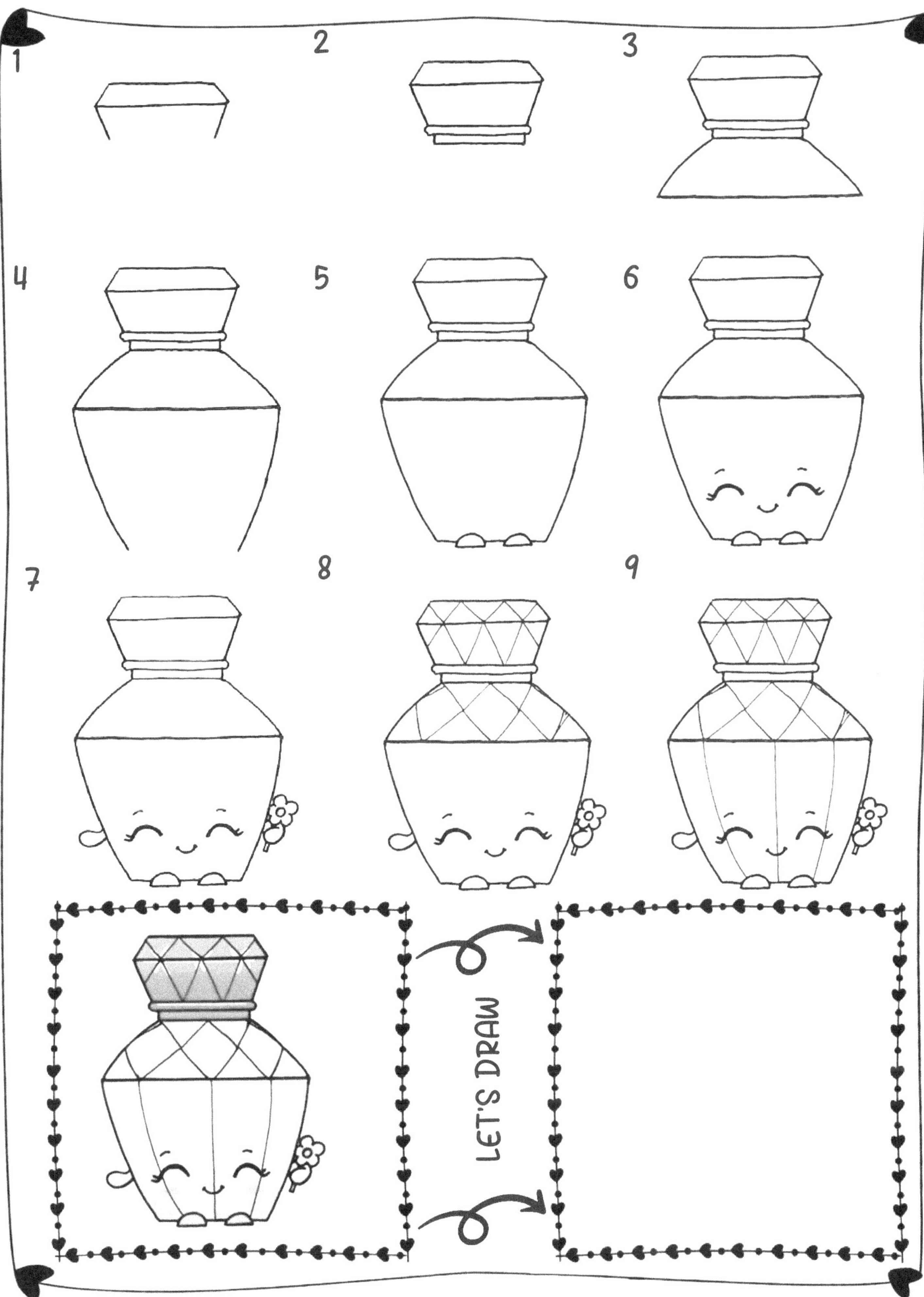

1
2
3
4
5
6
7
8
9
LET'S DRAW

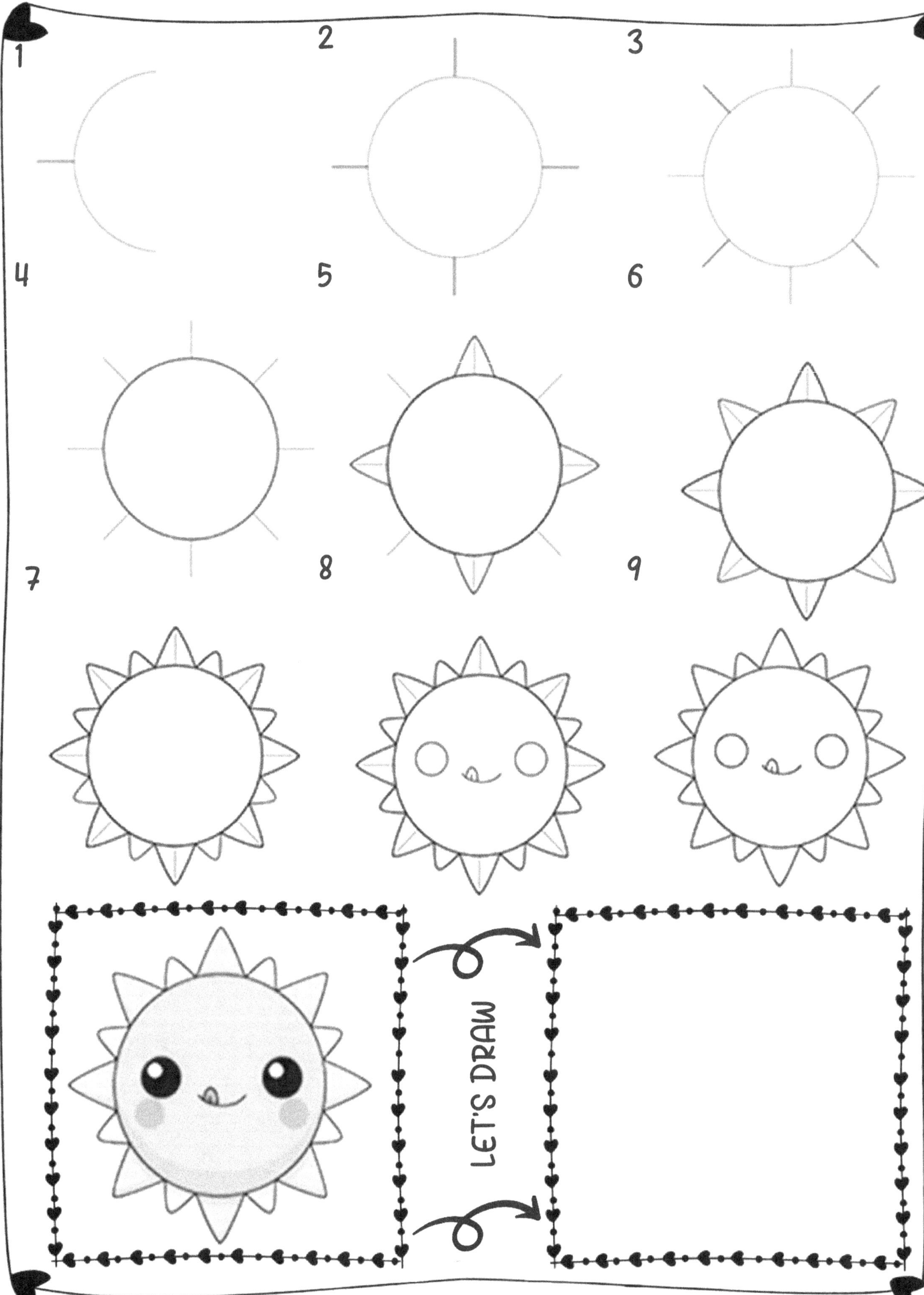

1
2
3
4
5
6
7
8
9
LET'S DRAW

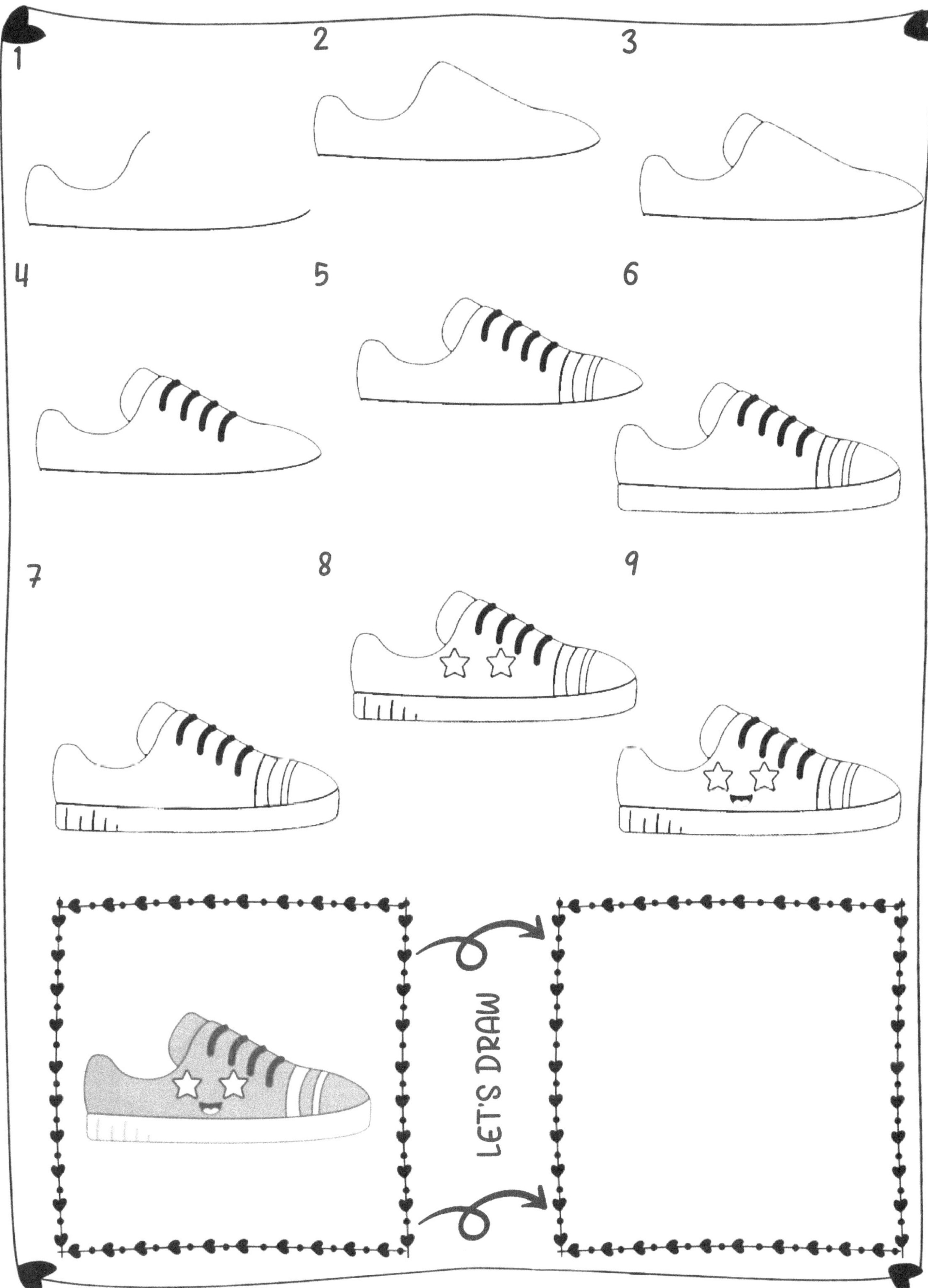

LET'S DRAW

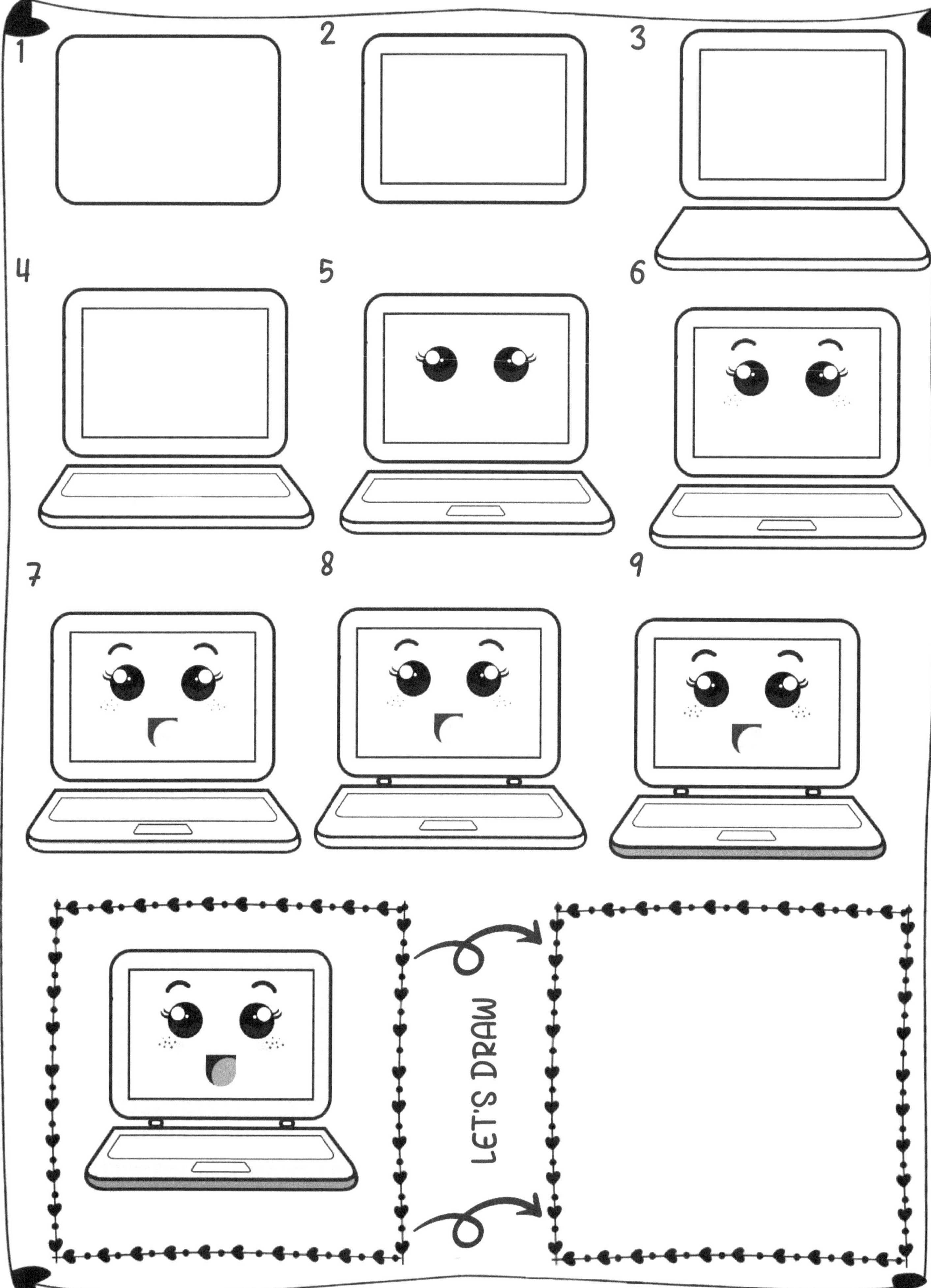

1
2
3
4
5
6
7
8
9
LET'S DRAW

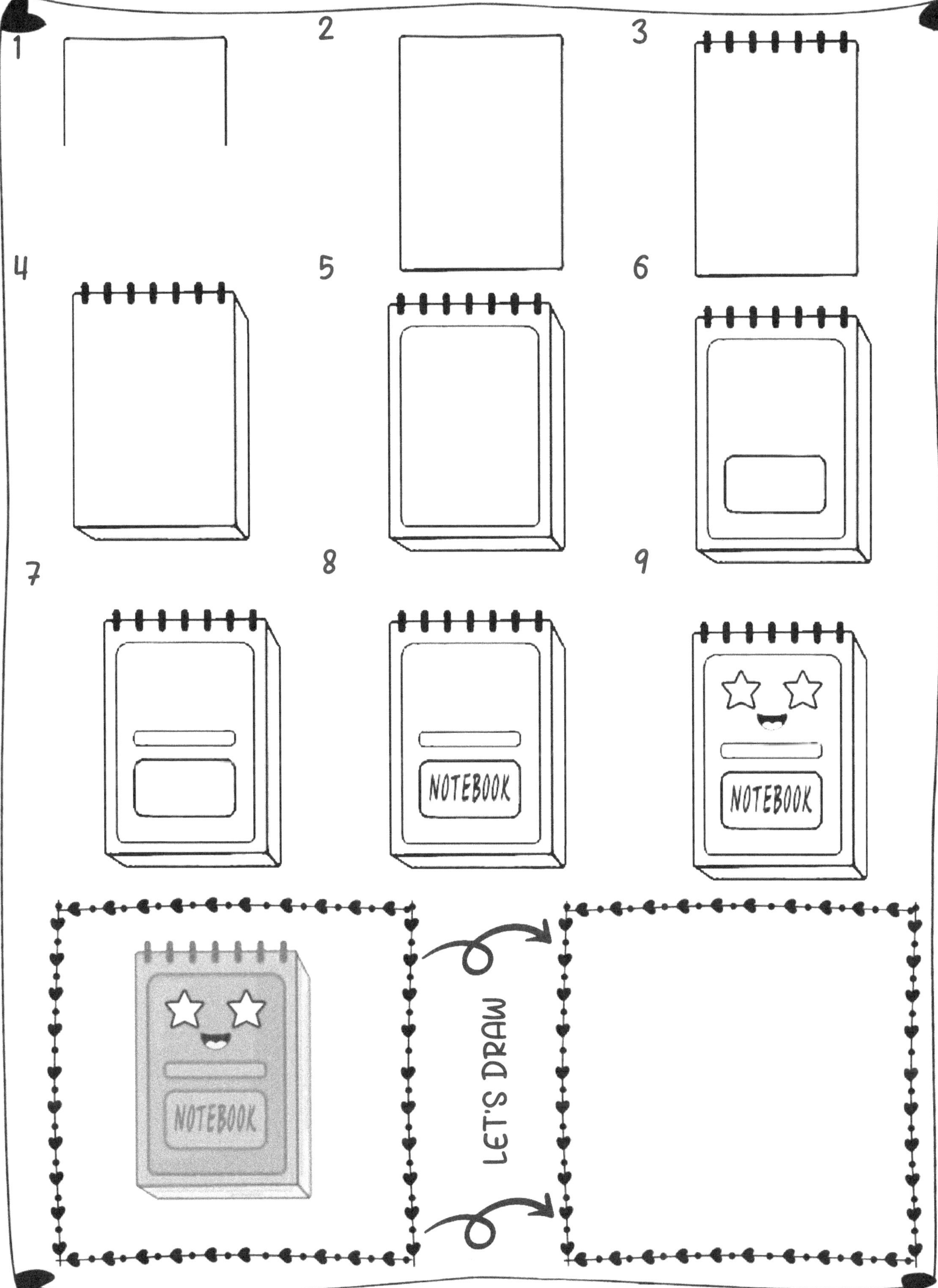

1
2
3
4
5
6
7
8
NOTEBOOK
9
NOTEBOOK
NOTEBOOK
LET'S DRAW

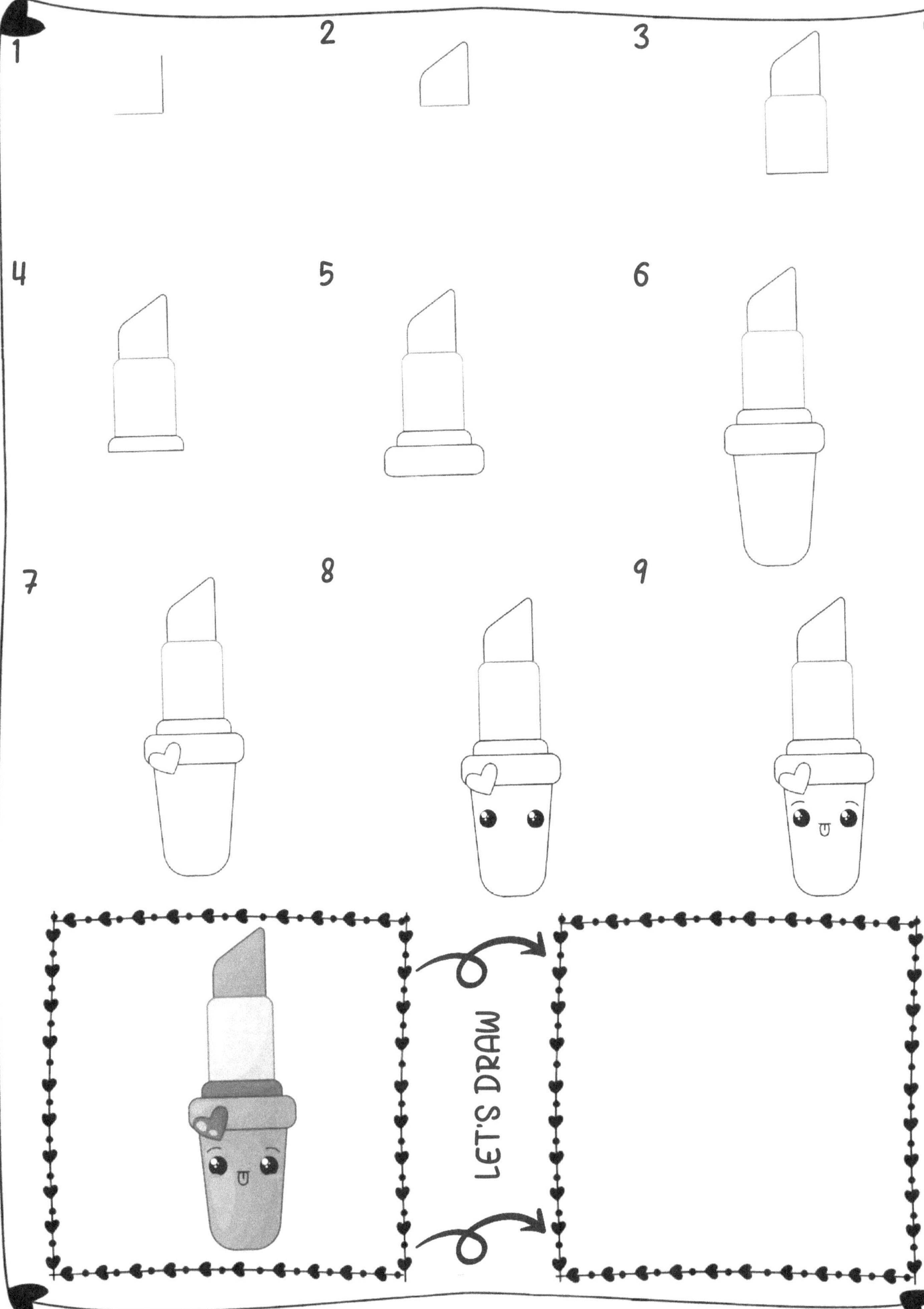
1
2
3
4
5
6
7
8
9
LET'S DRAW

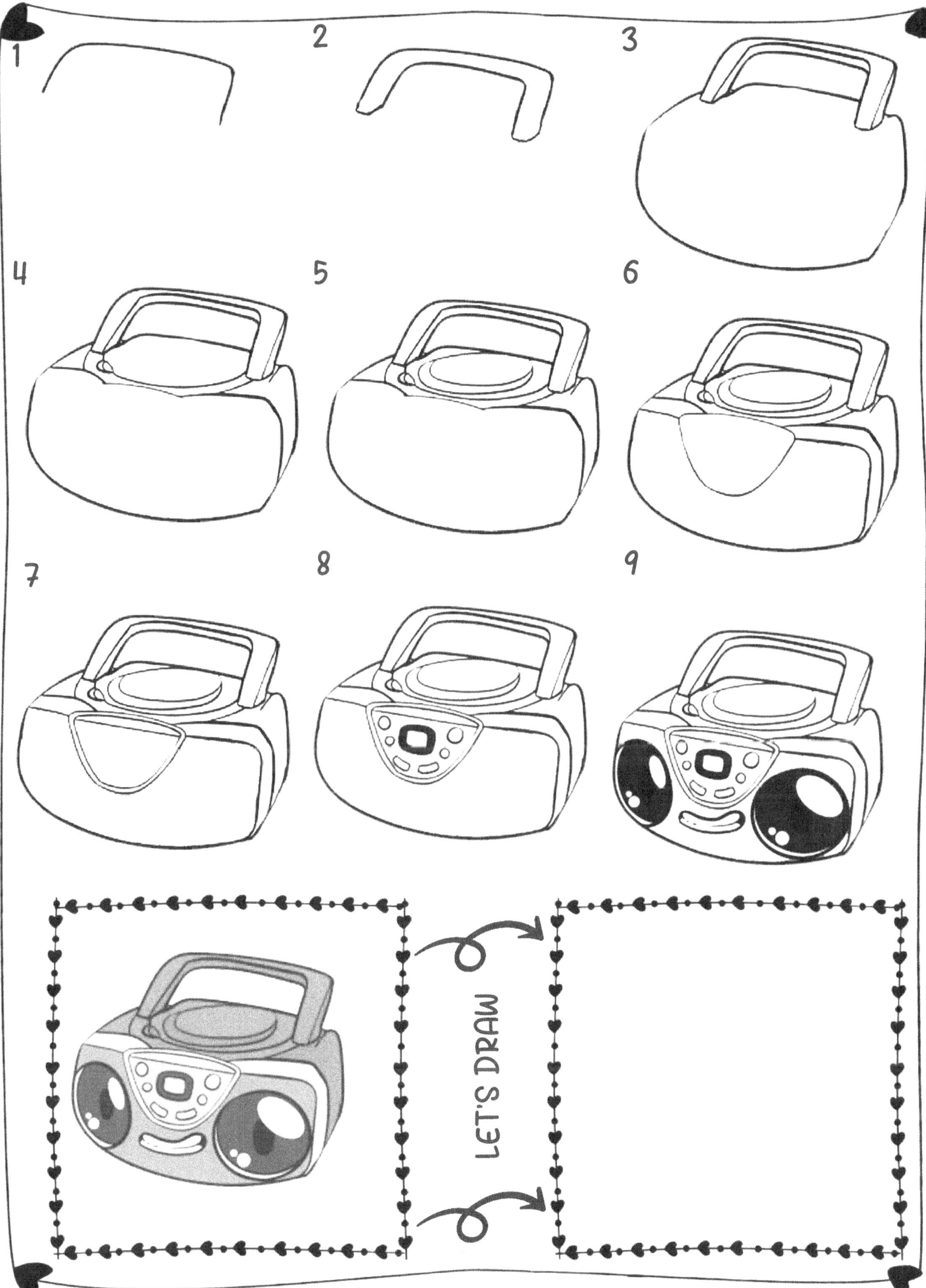

1
2
3
4
5
6
7
8
9
LET'S DRAW

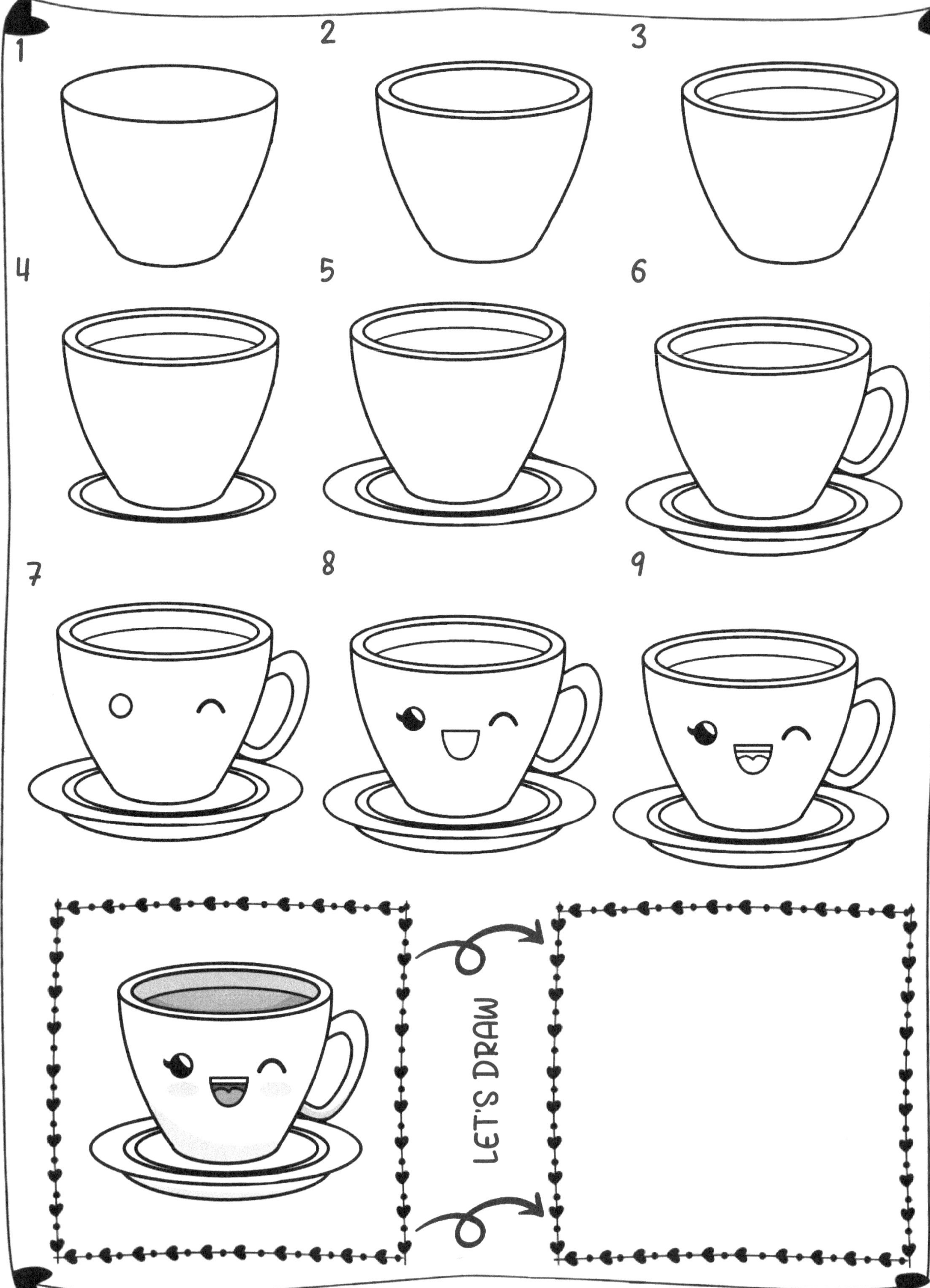

1
2
3
4
5
6
7
8
9
LET'S DRAW

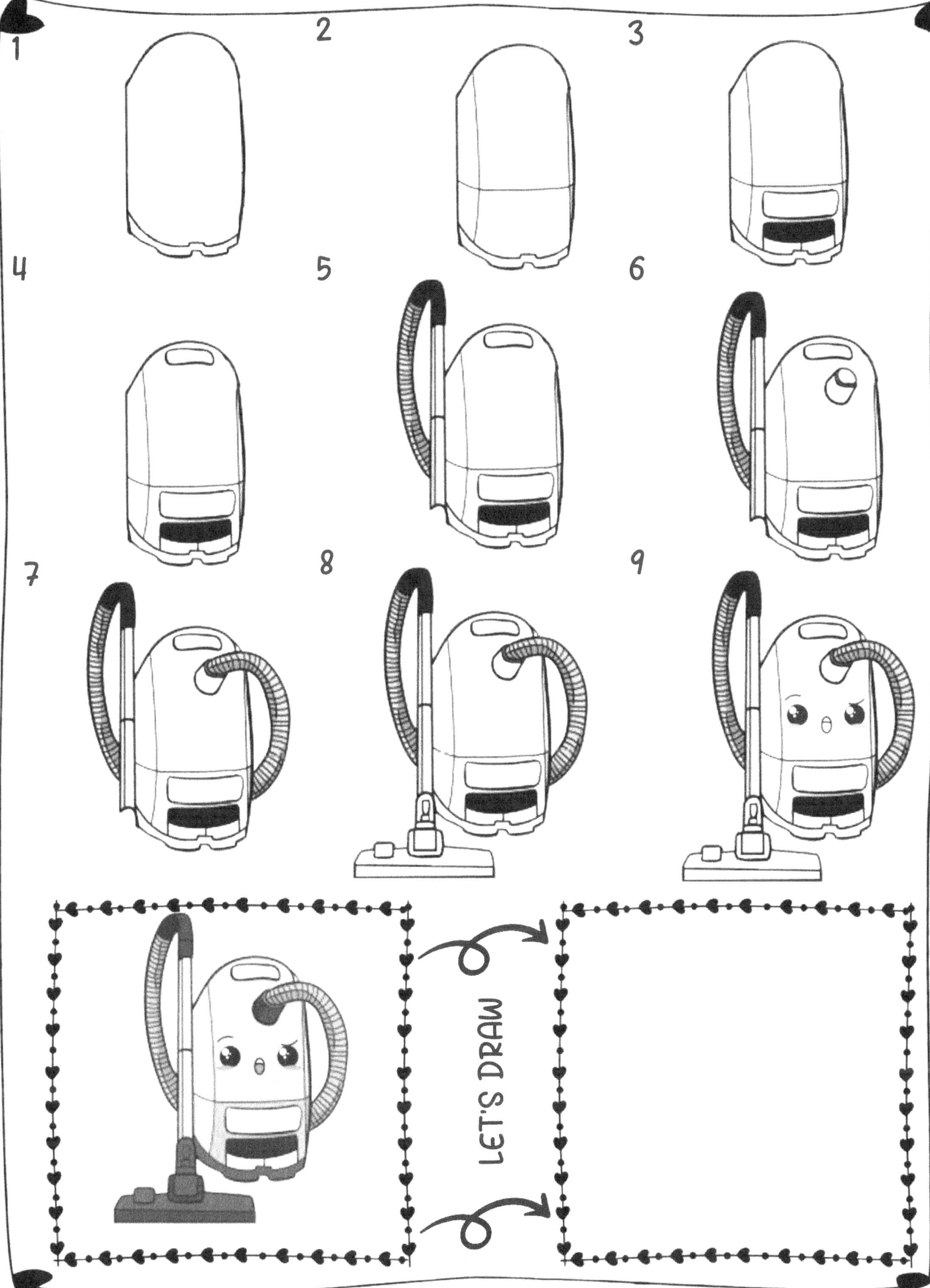
1
2
3
4
5
6
7
8
9
LET'S DRAW

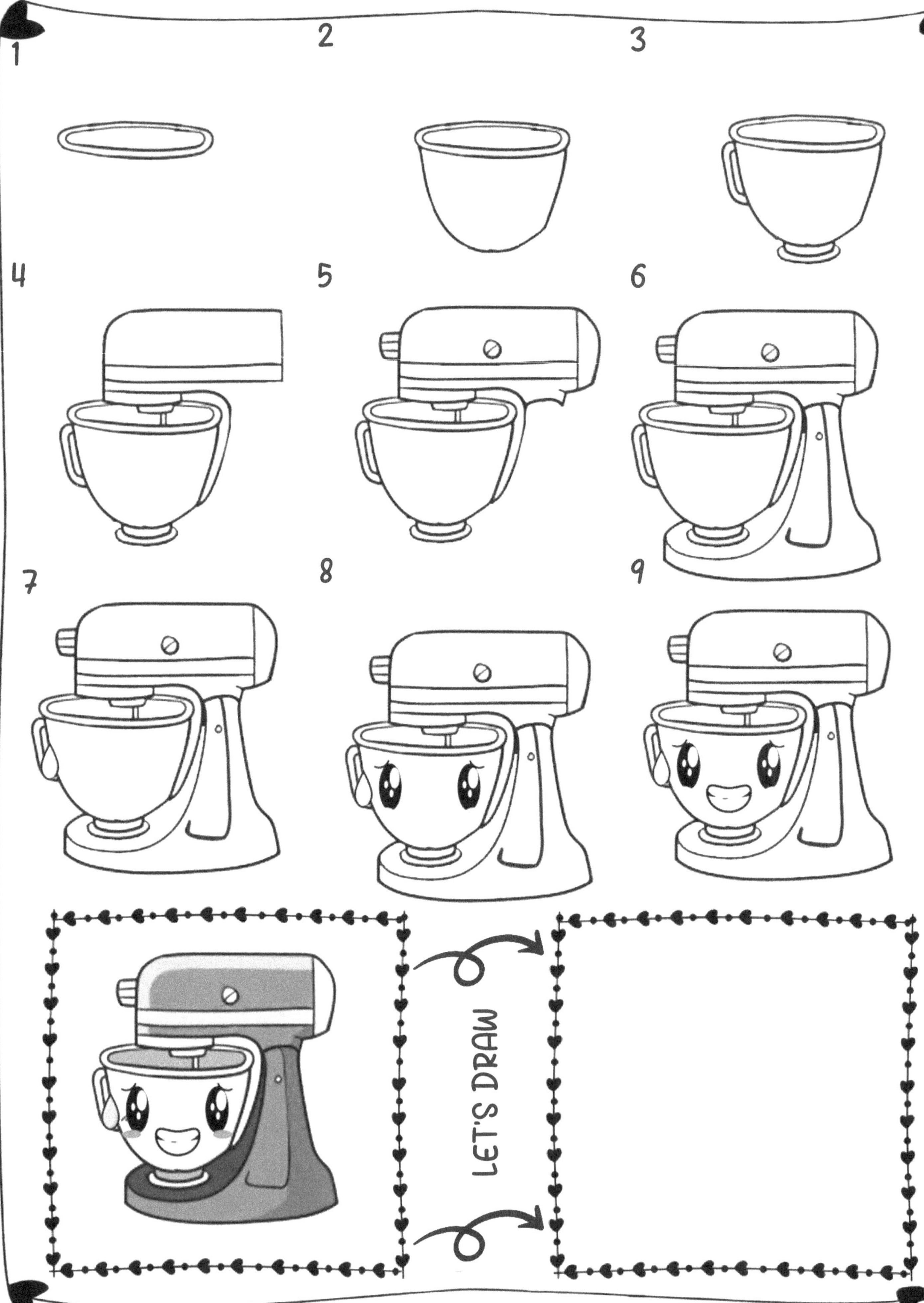

1
2
3
4
5
6
7
8
9
LET'S DRAW

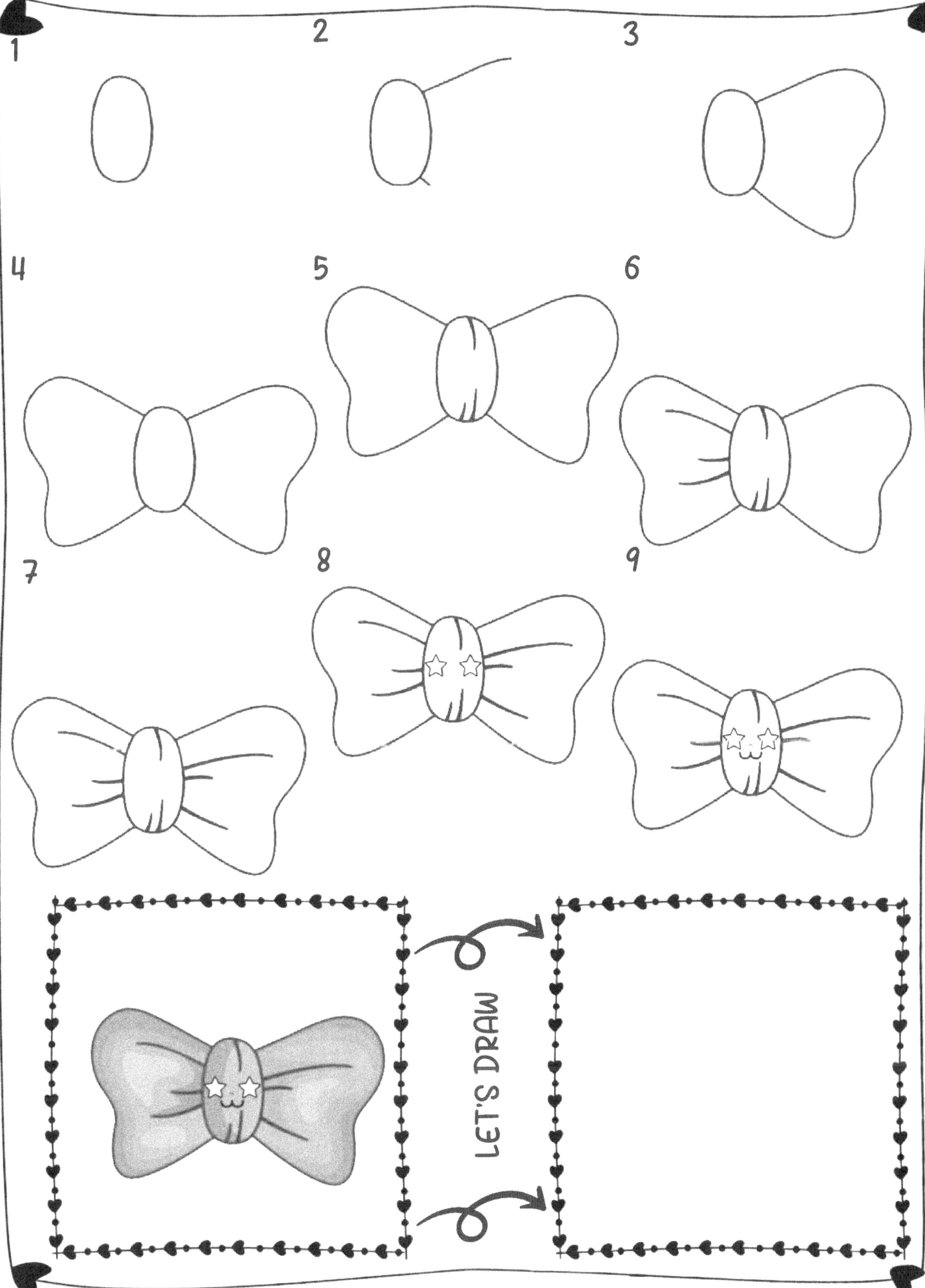

1
2
3
4
5
6
7
8
9
LET'S DRAW

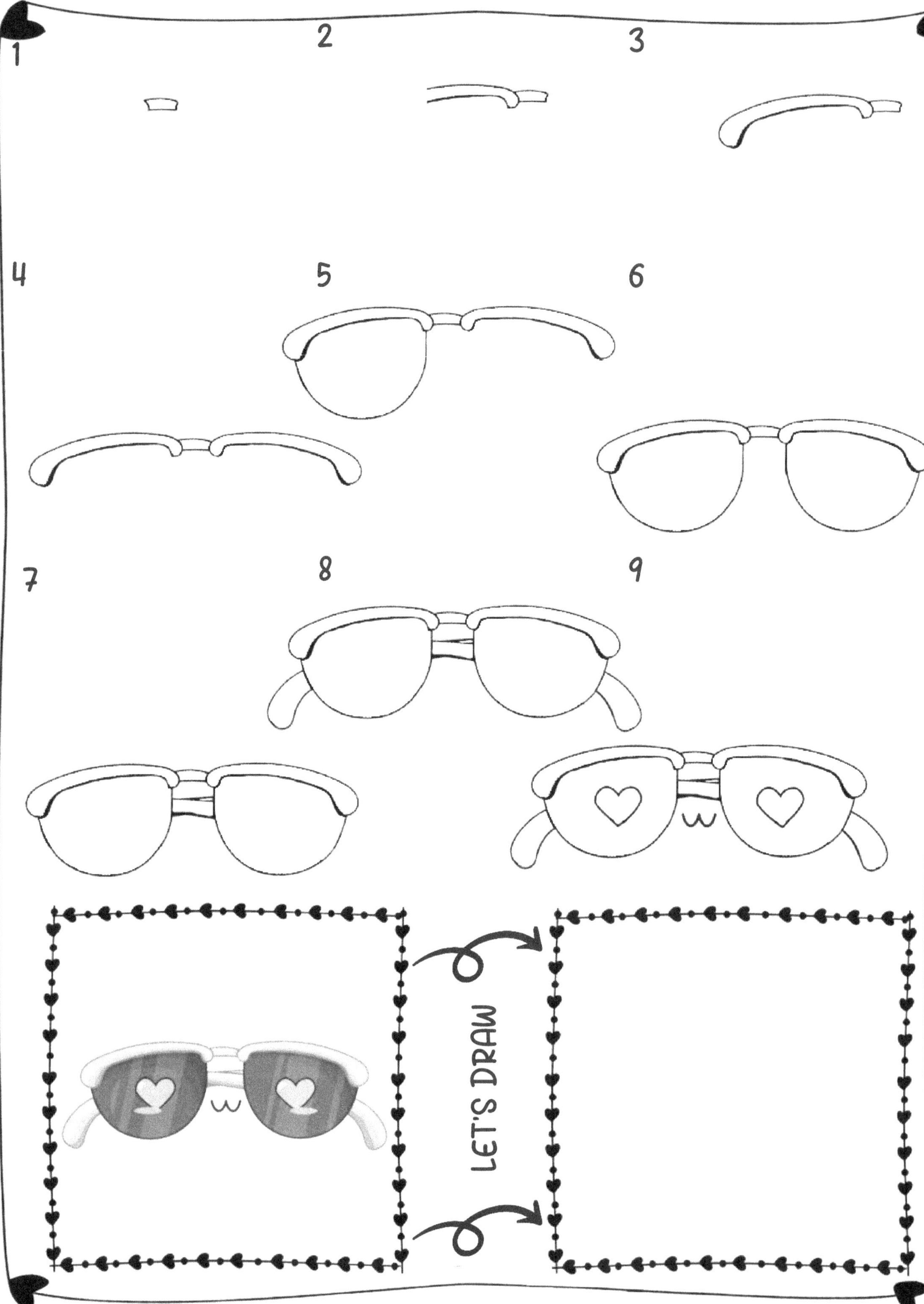

1
2
3
4
5
6
7
8
9
LET'S DRAW

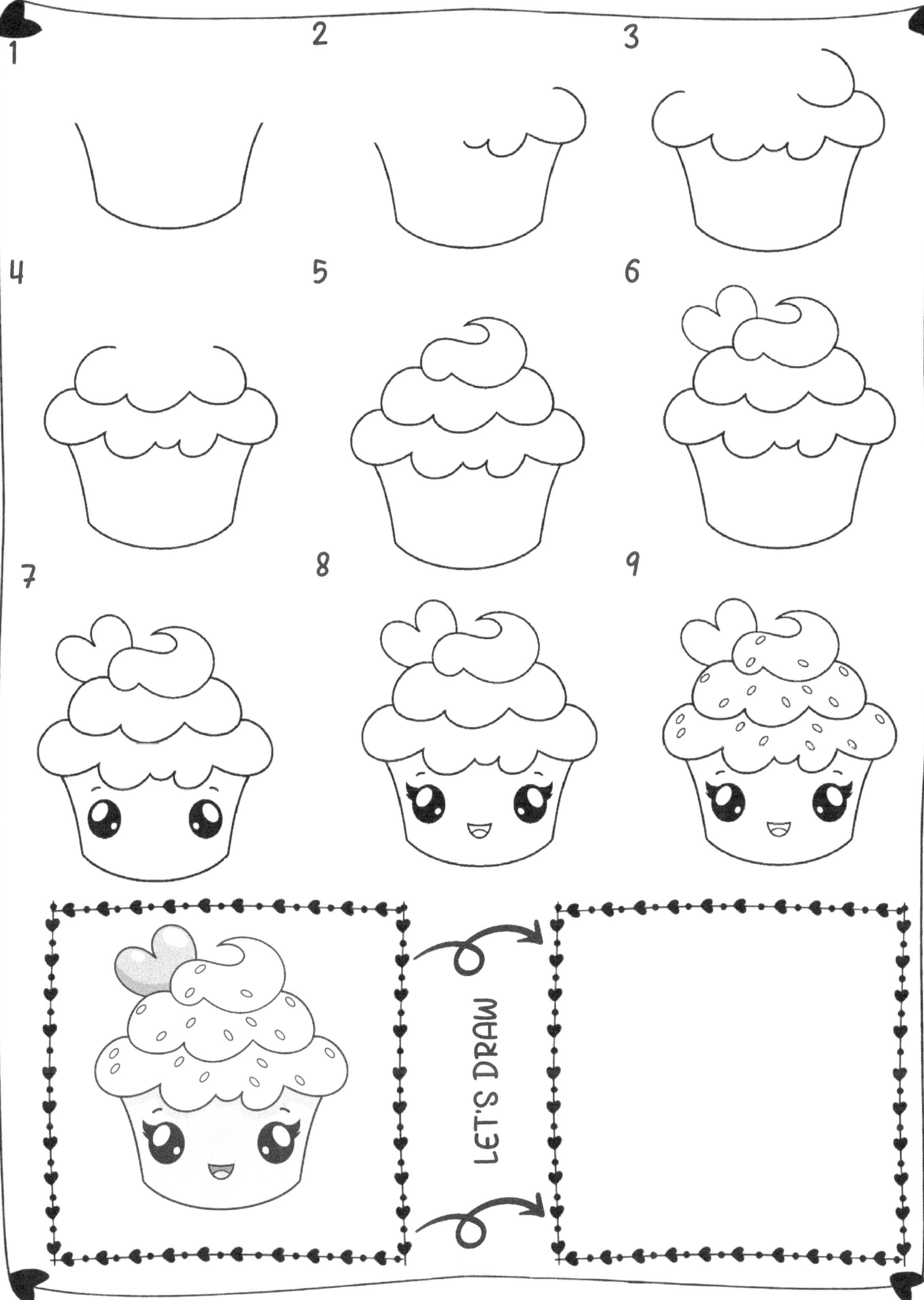

1
2
3
4
5
6
7
8
9
LET'S DRAW

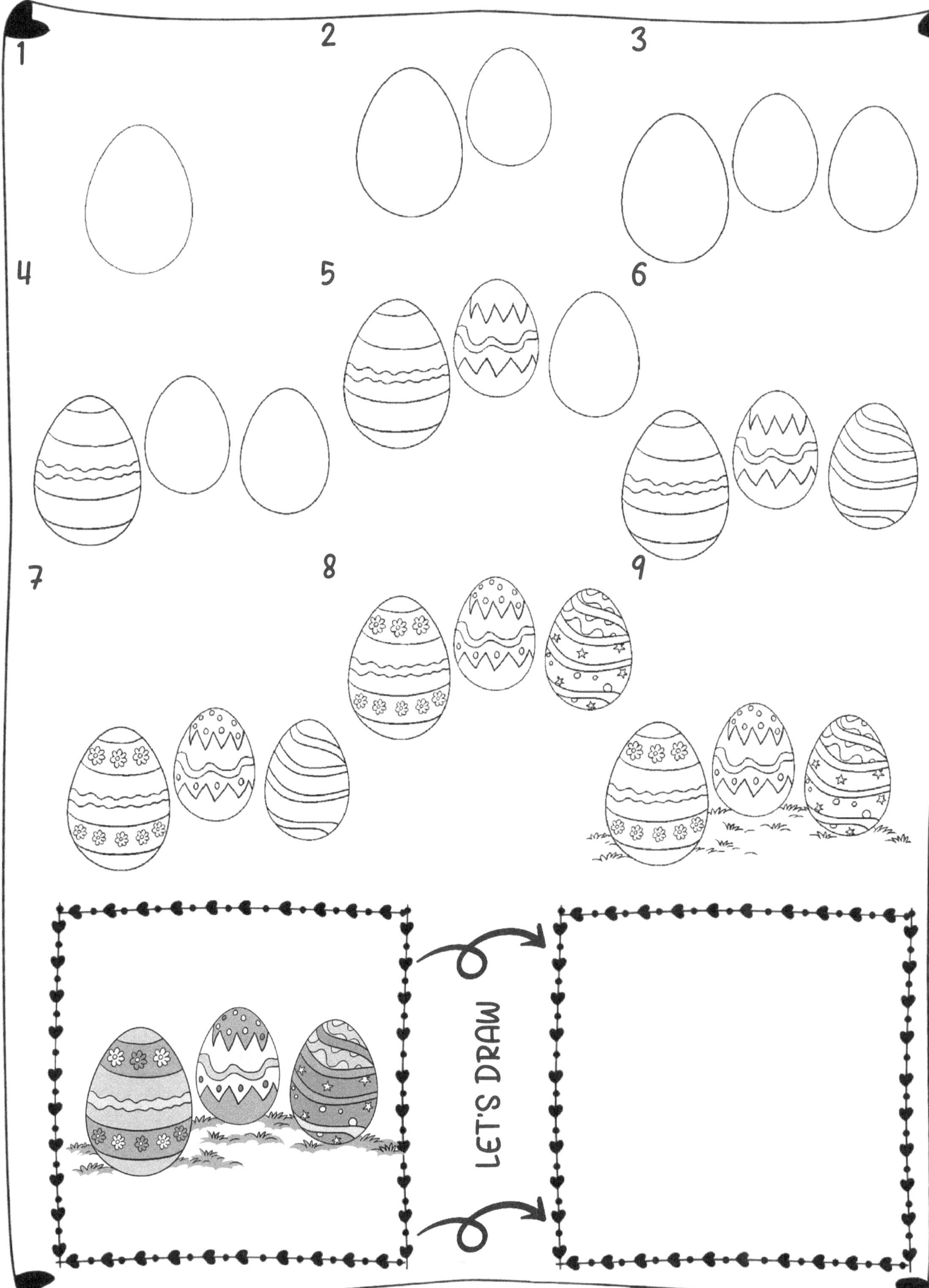

1

2

3

4

5

6

7

8

9

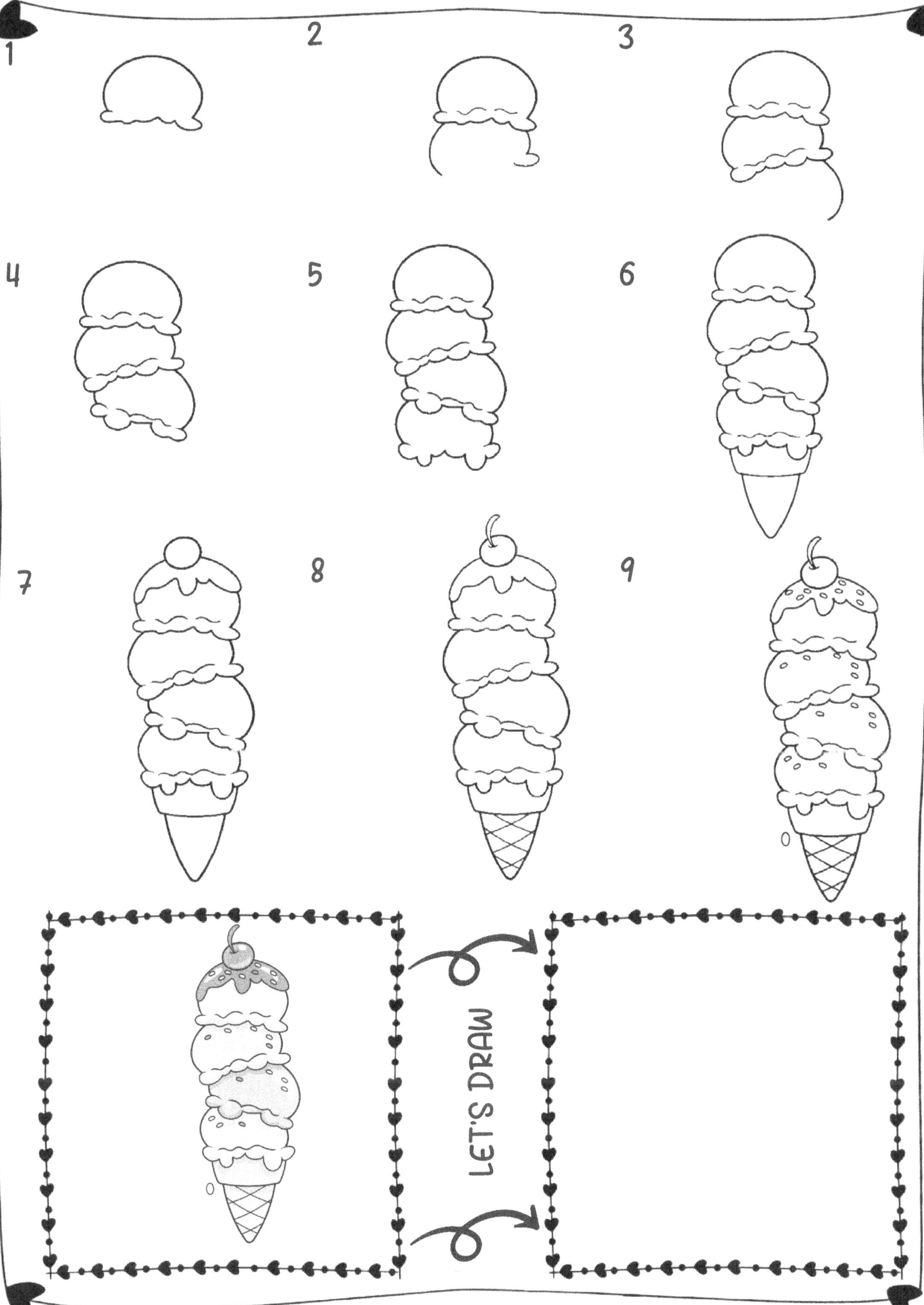

1
2
3
4
5
6
7
8
9
LET'S DRAW

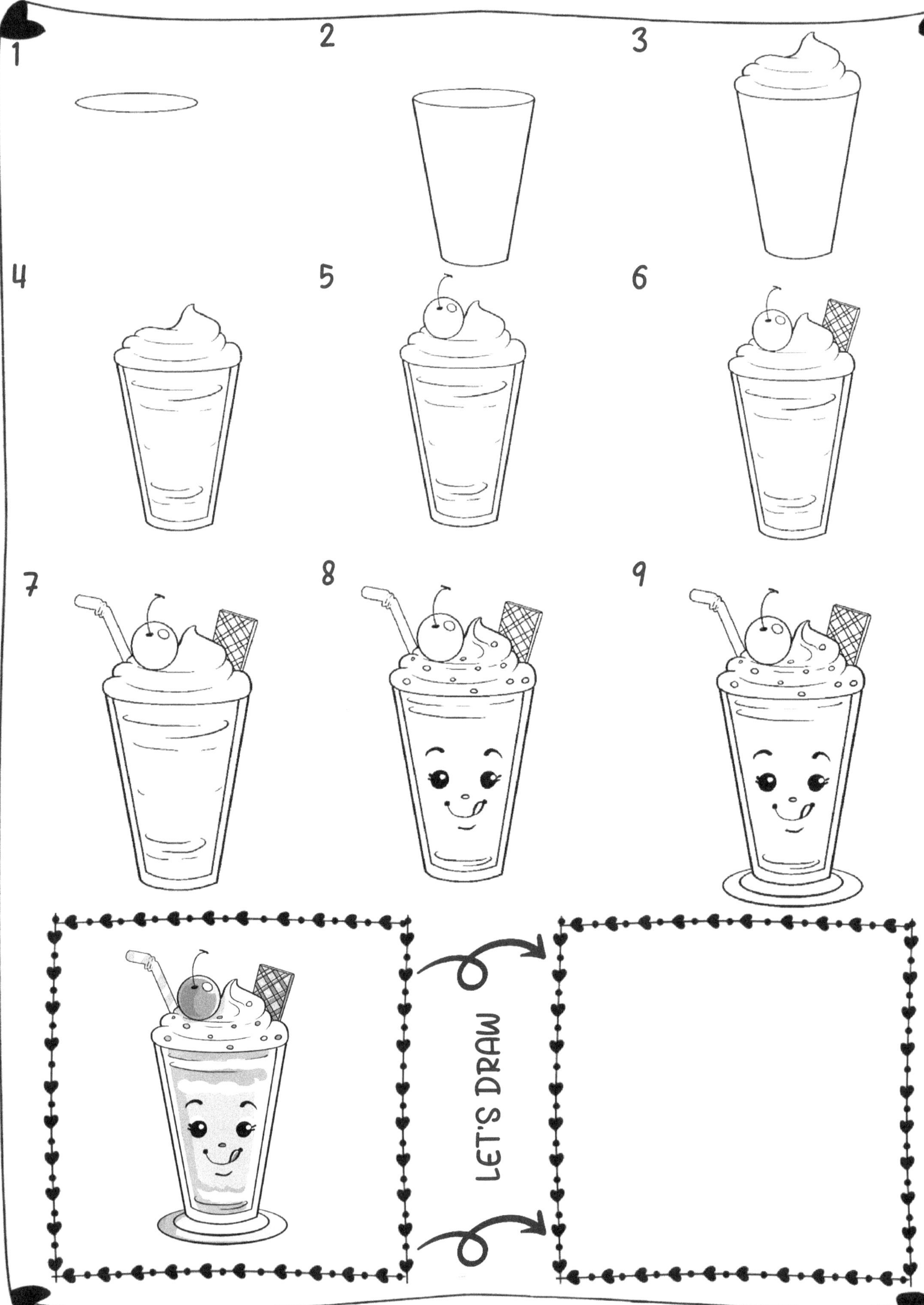

1
2
3
4
5
6
7
8
9
LET'S DRAW

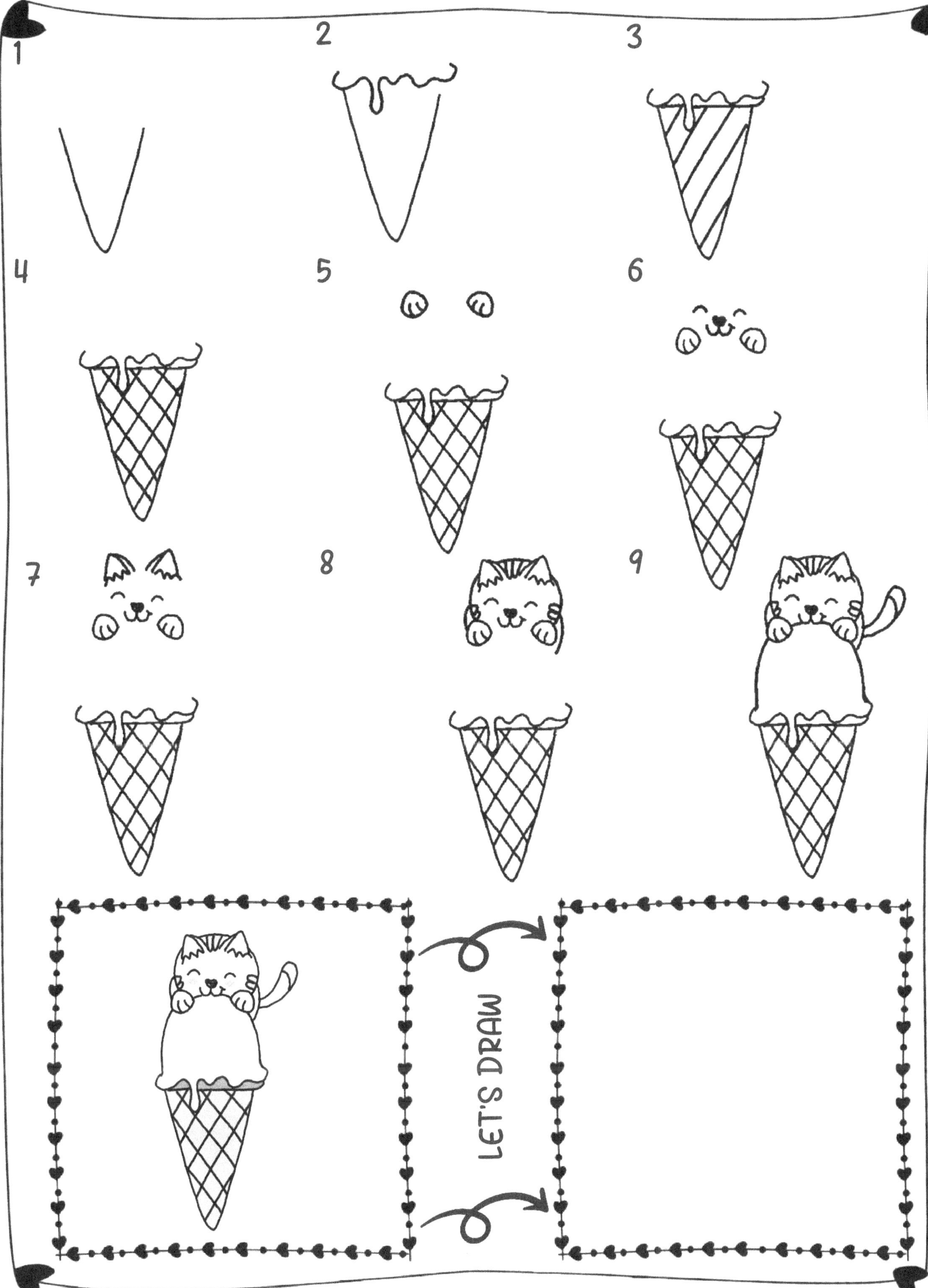

1
2
3
4
5
6
7
8
9
LET'S DRAW

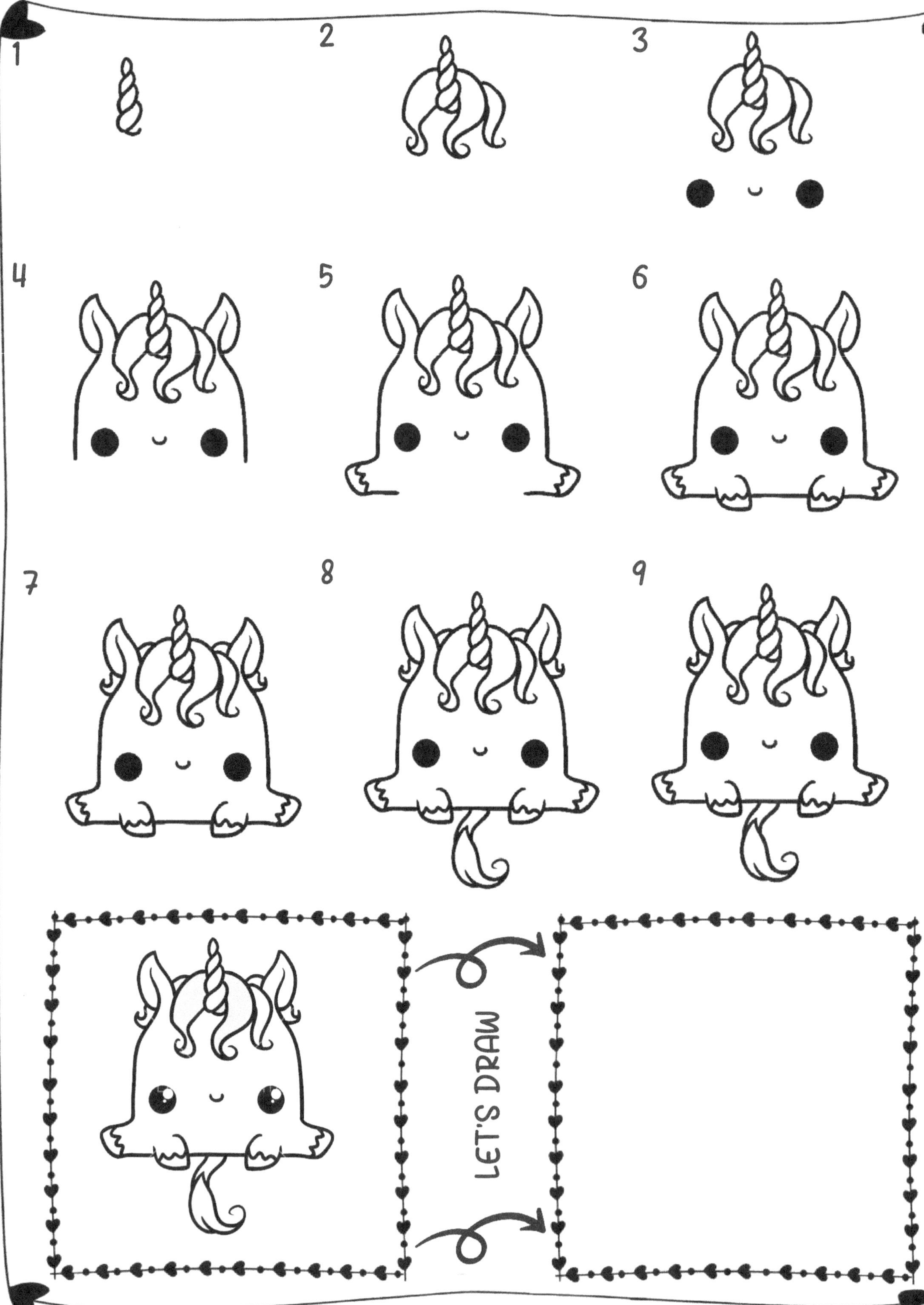

1
2
3
4
5
6
7
8
9
LET'S DRAW

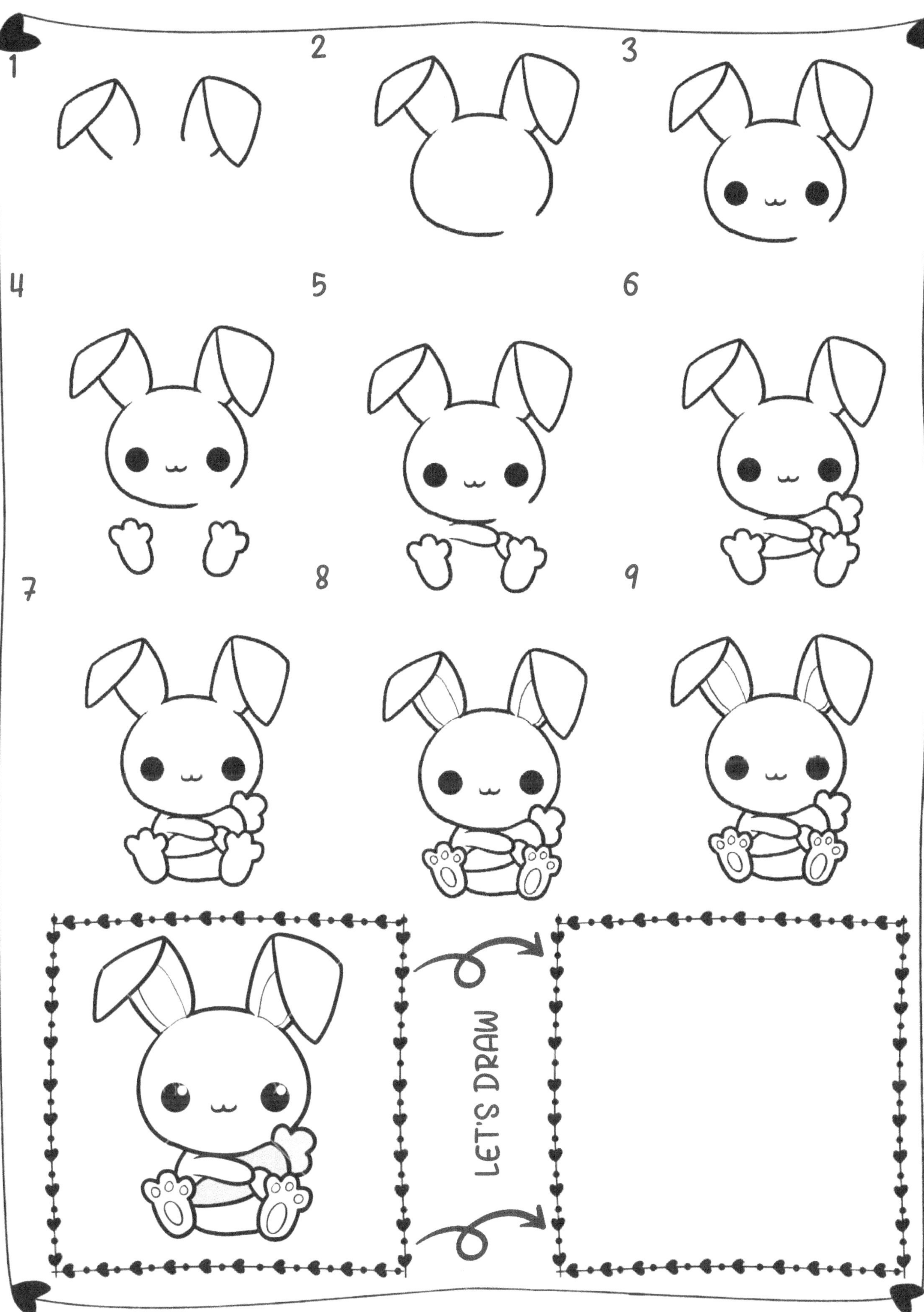

1
2
3
4
5
6
7
8
9
LET'S DRAW

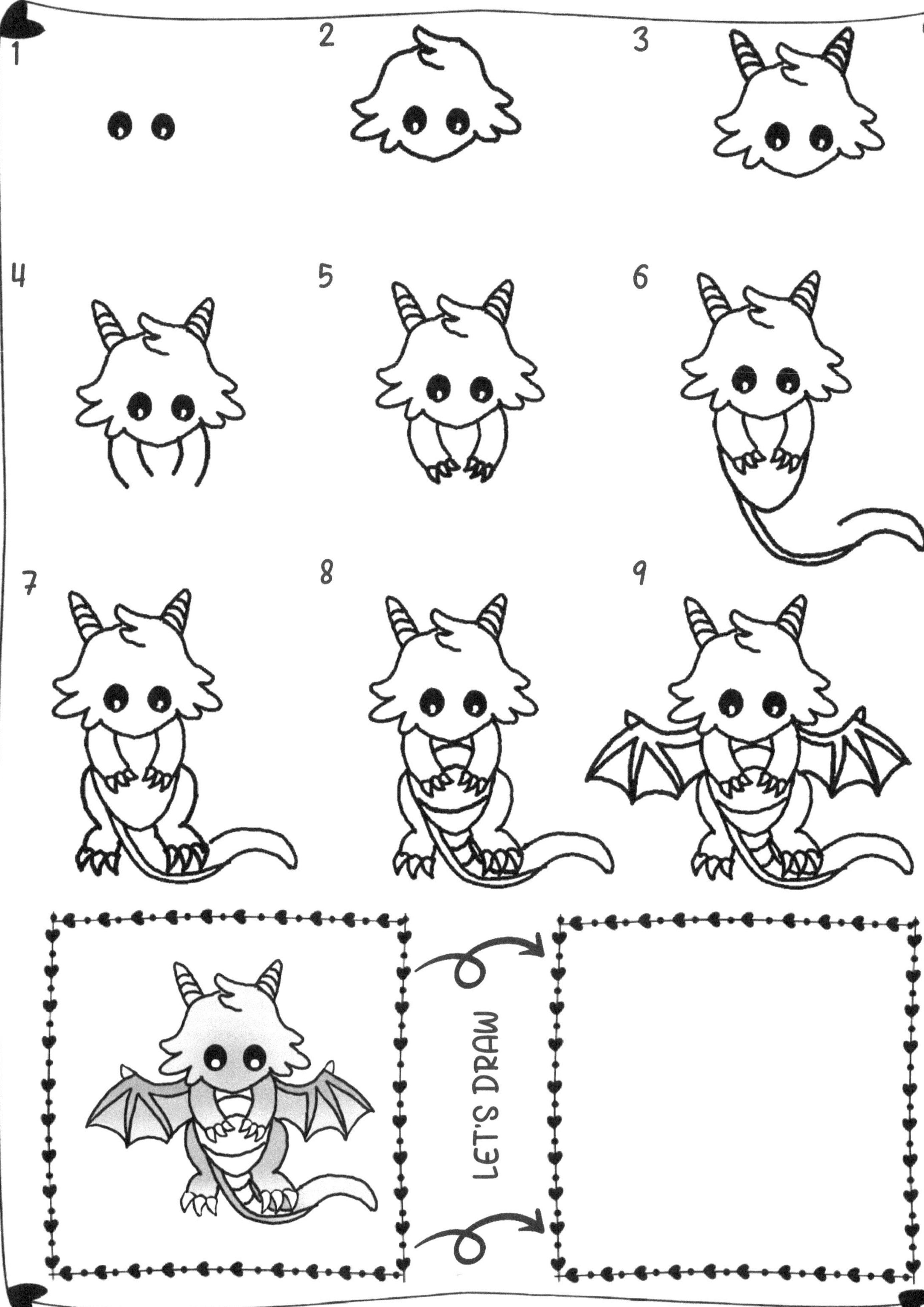

1
2
3
4
5
6
7
8
9
LET'S DRAW

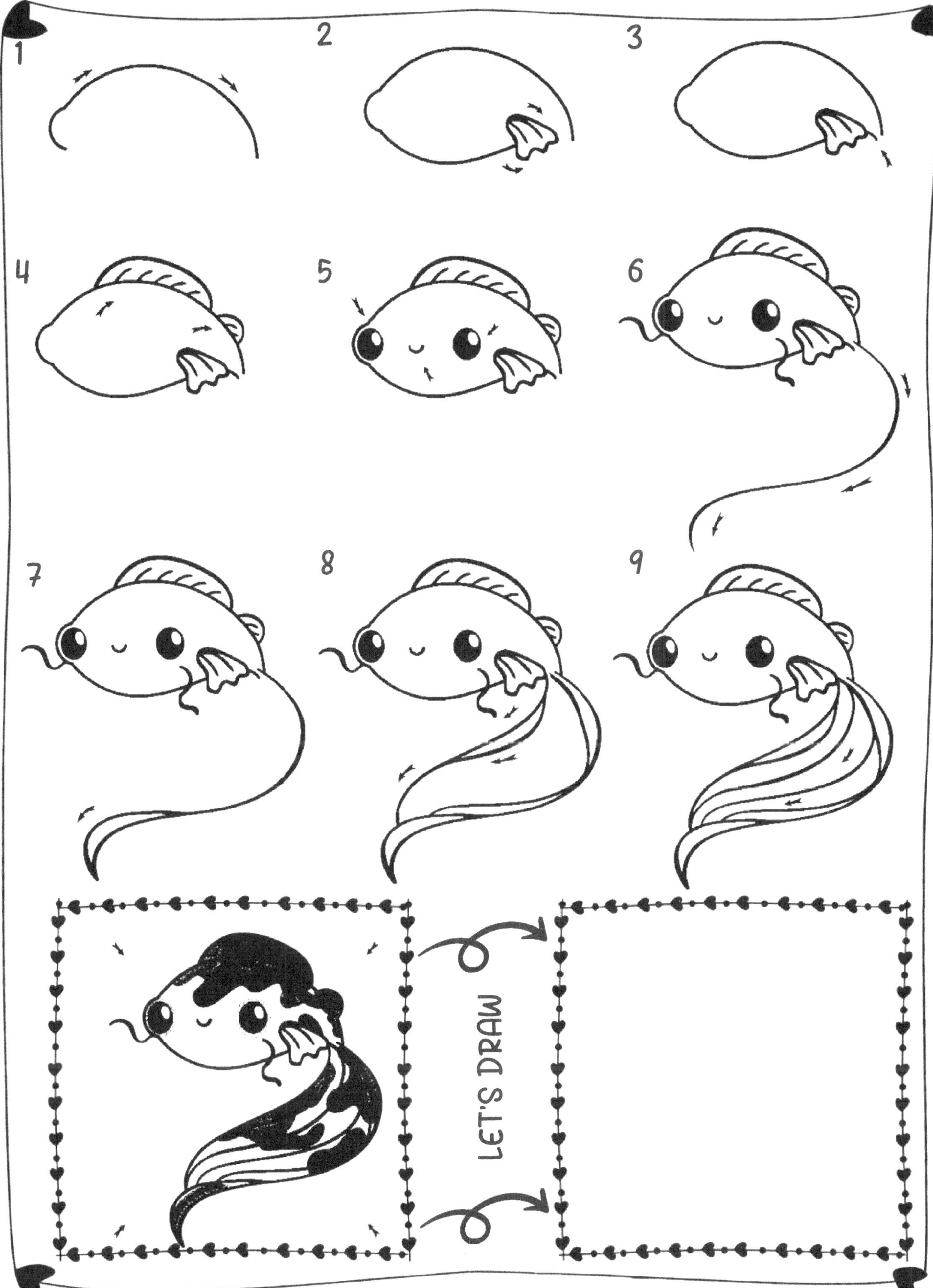
1
2
3
4
5
6
7
8
9
LET'S DRAW

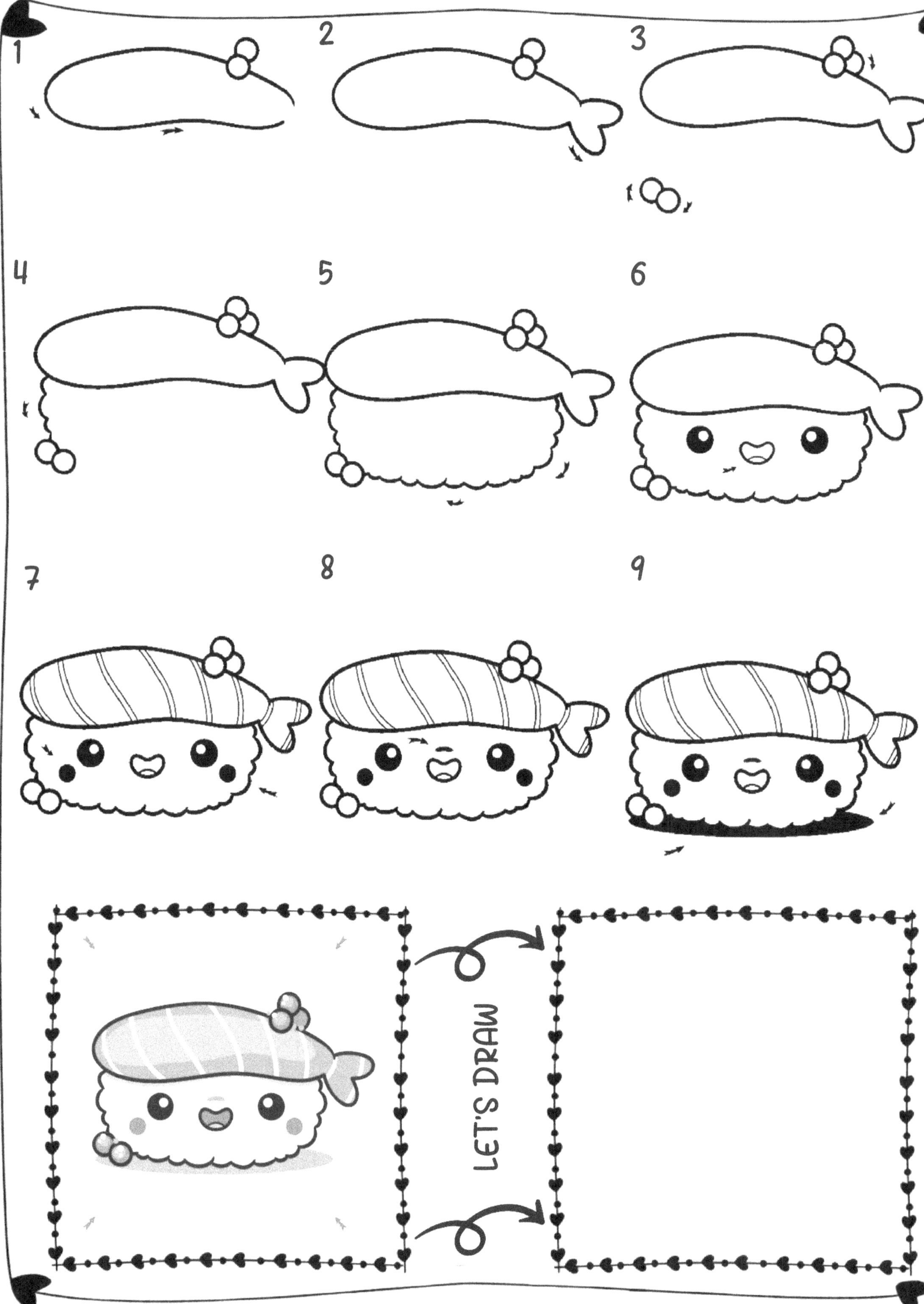
1
2
3
4
5
6
7
8
9
LET'S DRAW

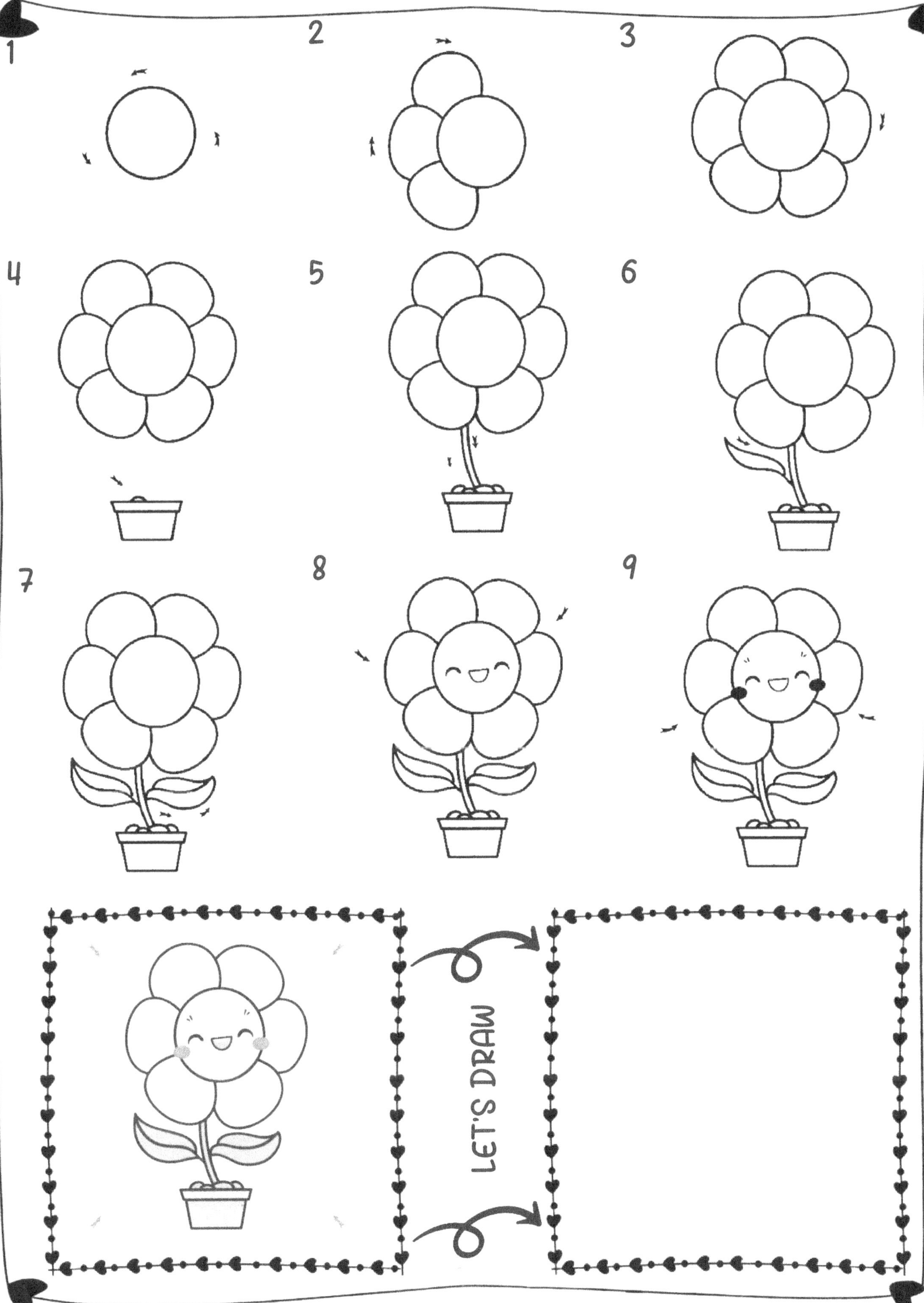
1
2
3
4
5
6
7
8
9
LET'S DRAW

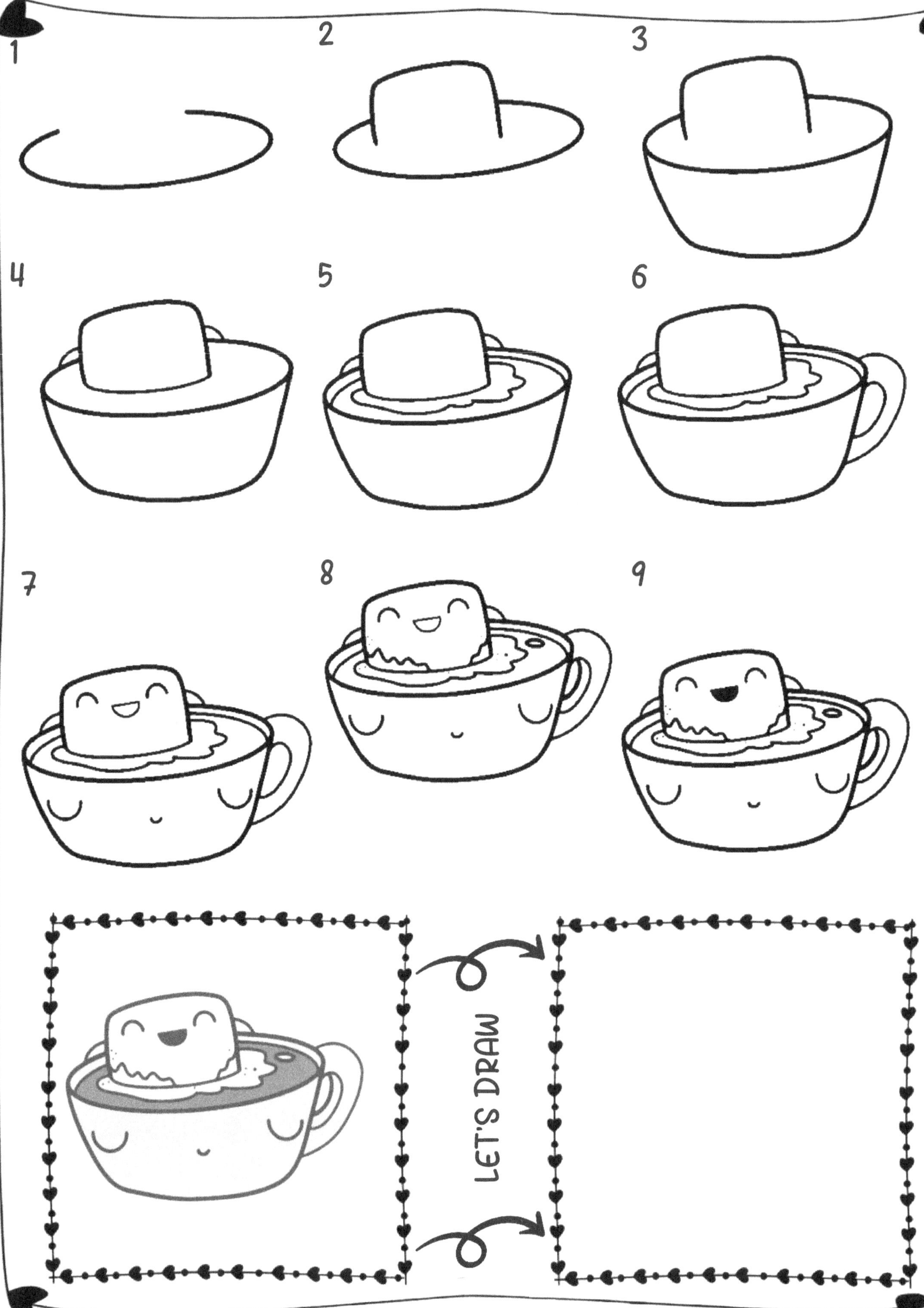
1
2
3
4
5
6
7
8
9
LET'S DRAW

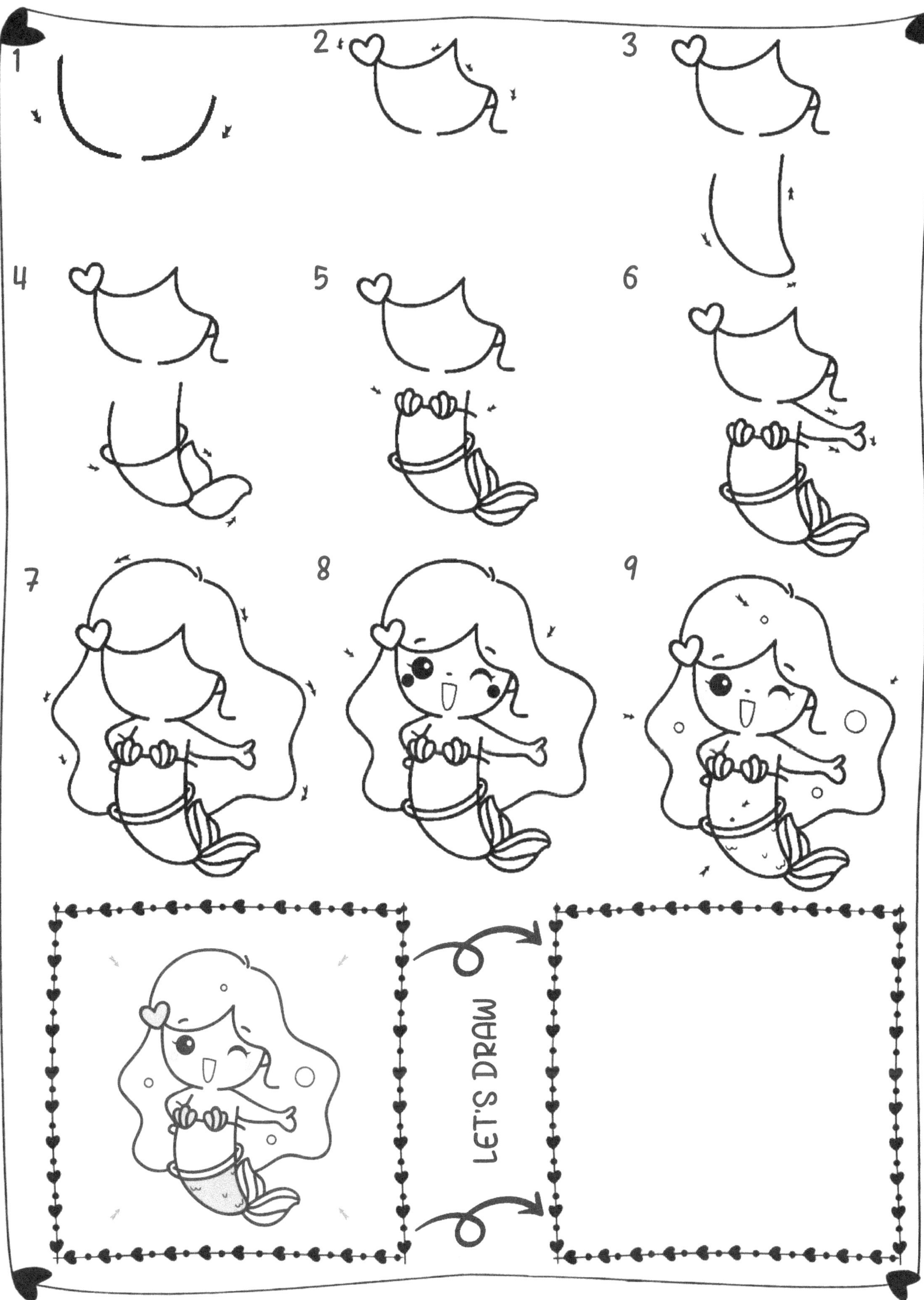

1
2
3
4
5
6
7
8
9
LET'S DRAW

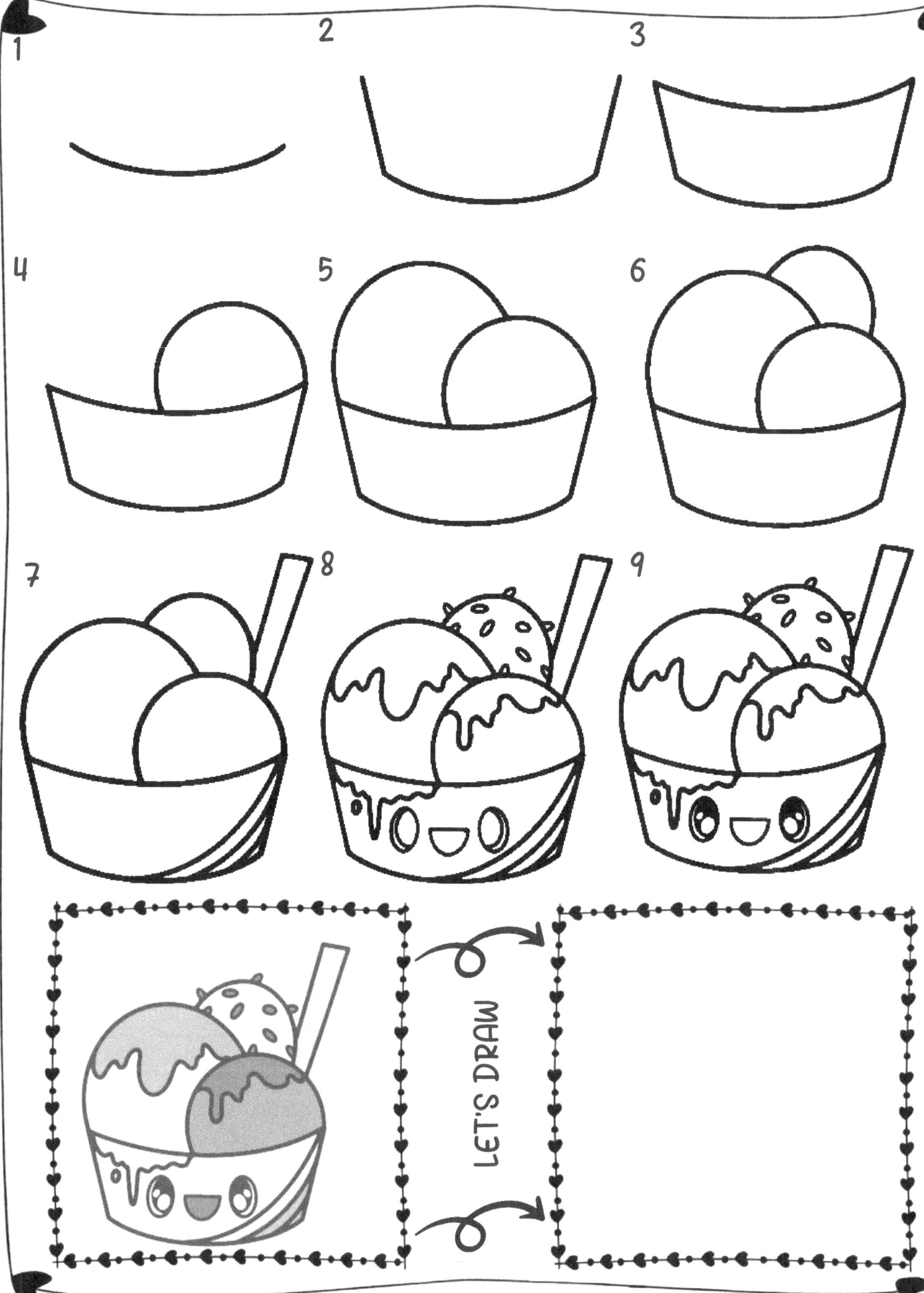
1
2
3
4
5
6
7
8
9
LET'S DRAW

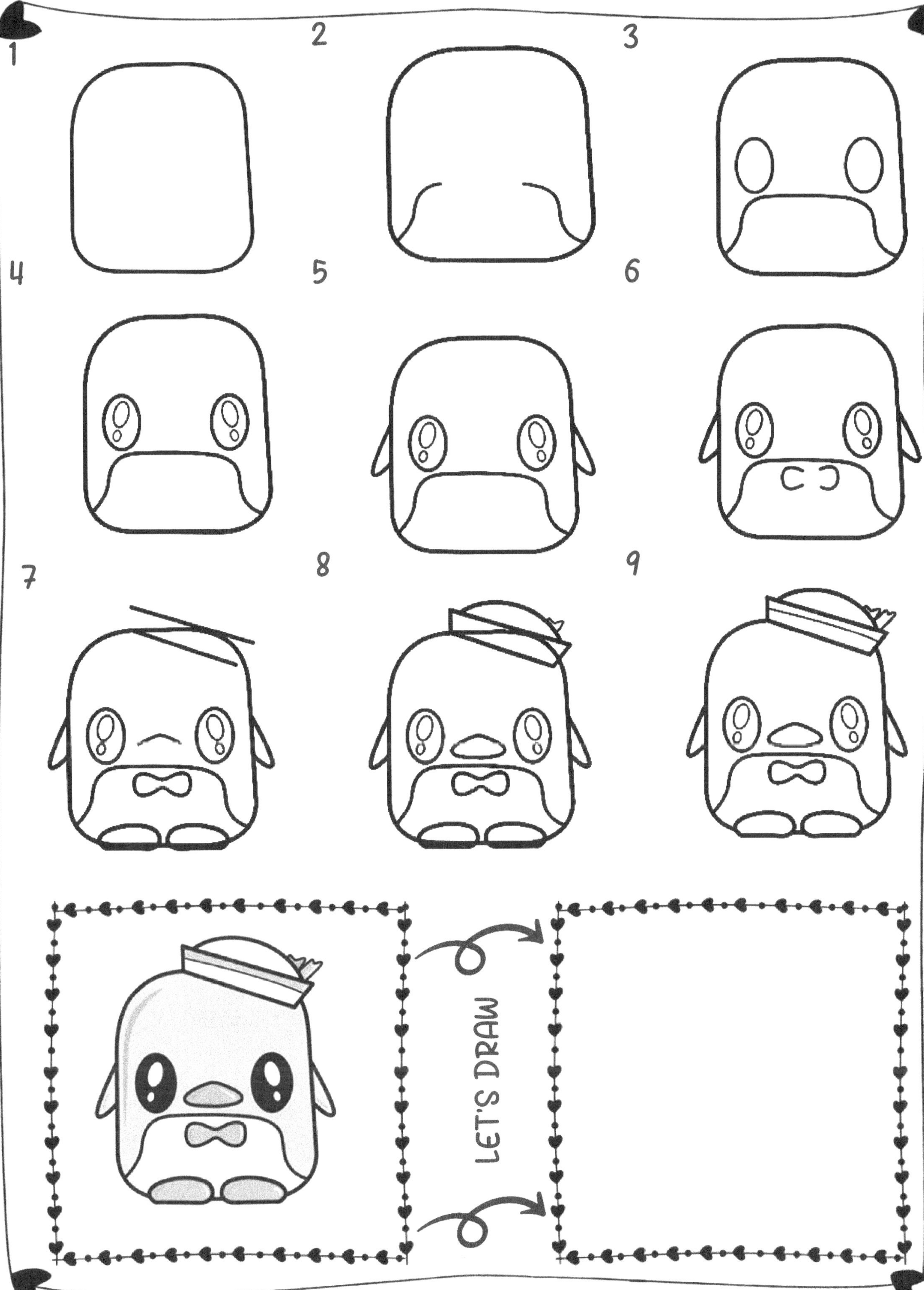

1
2
3
4
5
6
7
8
9
LET'S DRAW

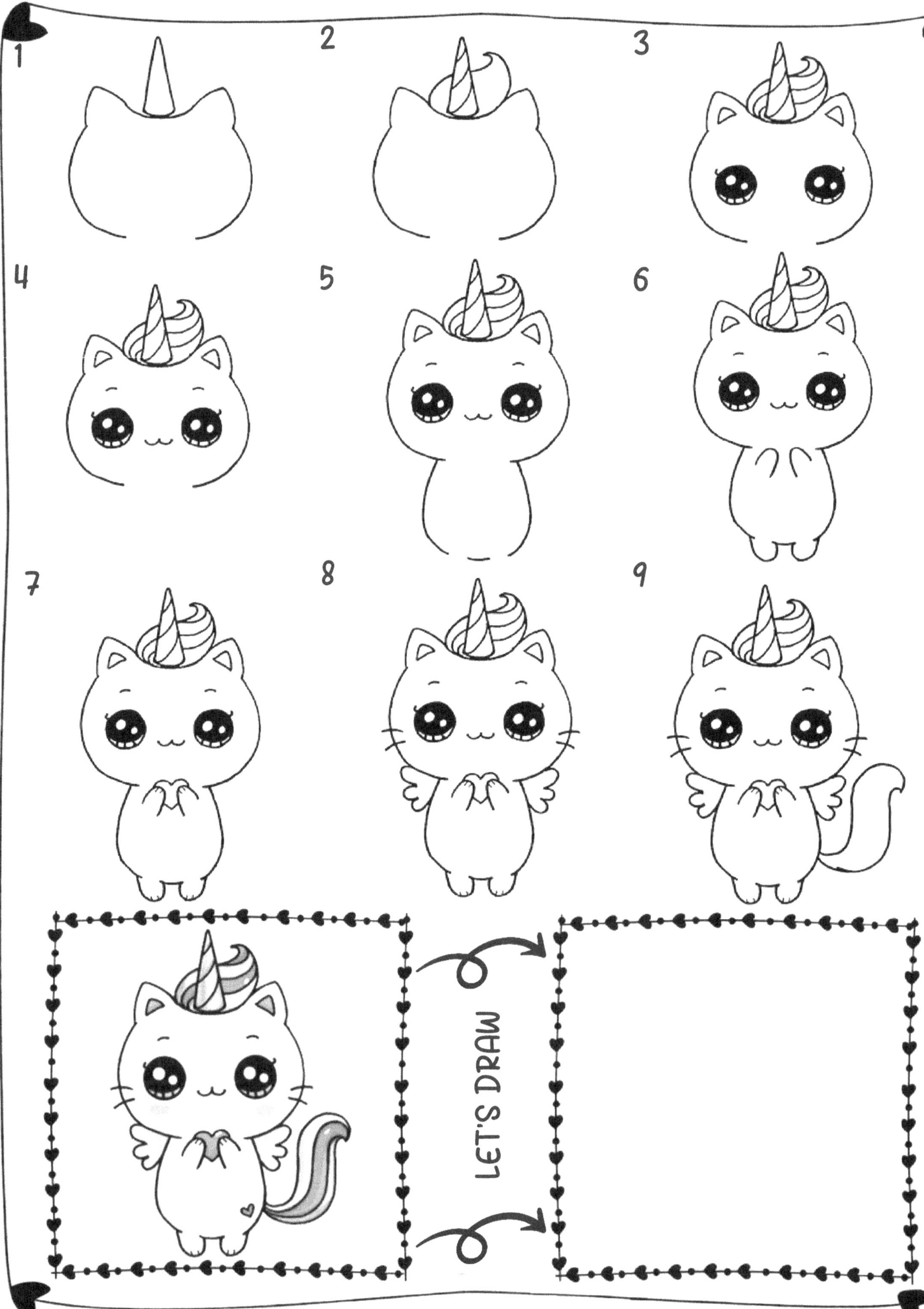
LET'S DRAW

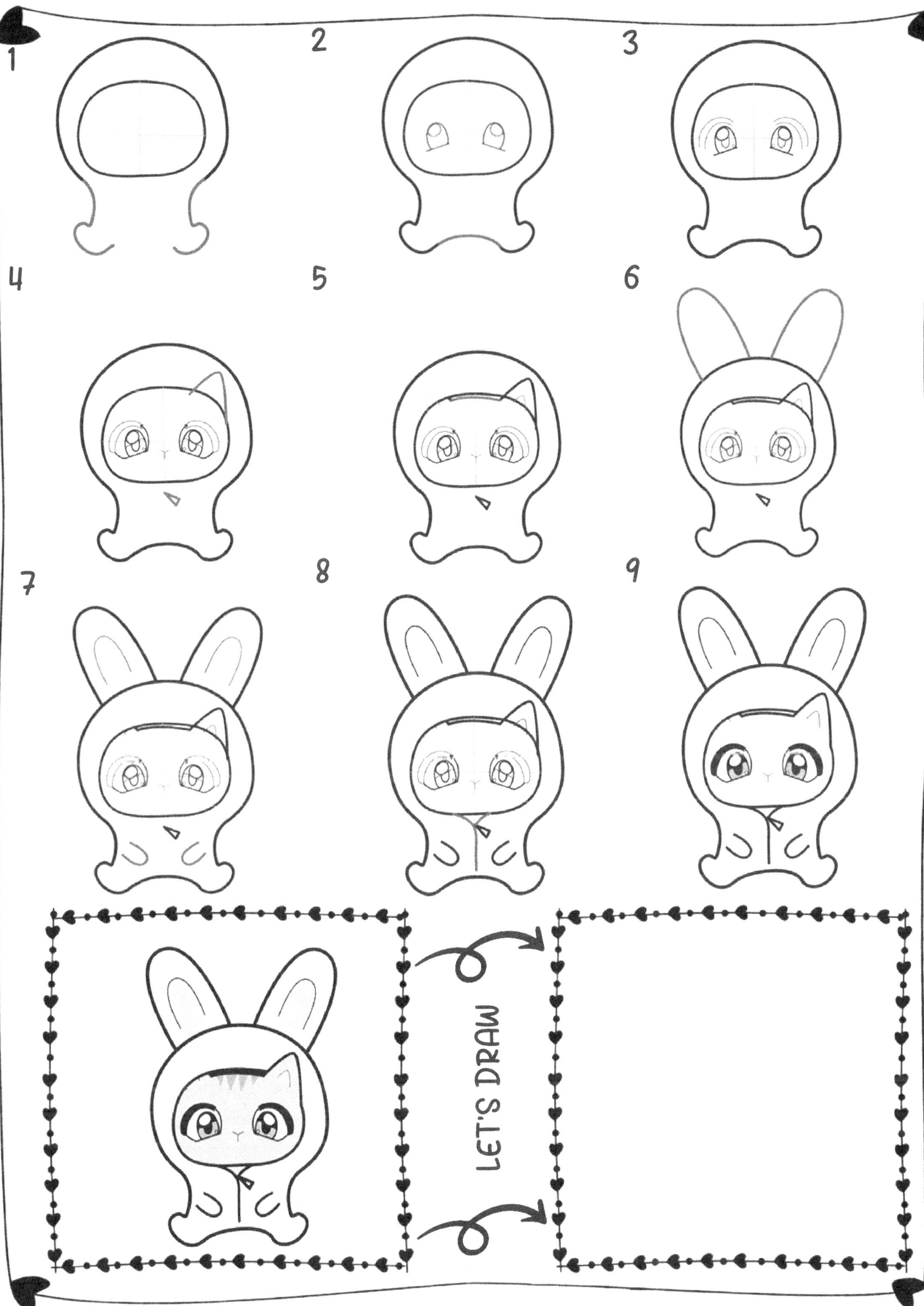
LET'S DRAW

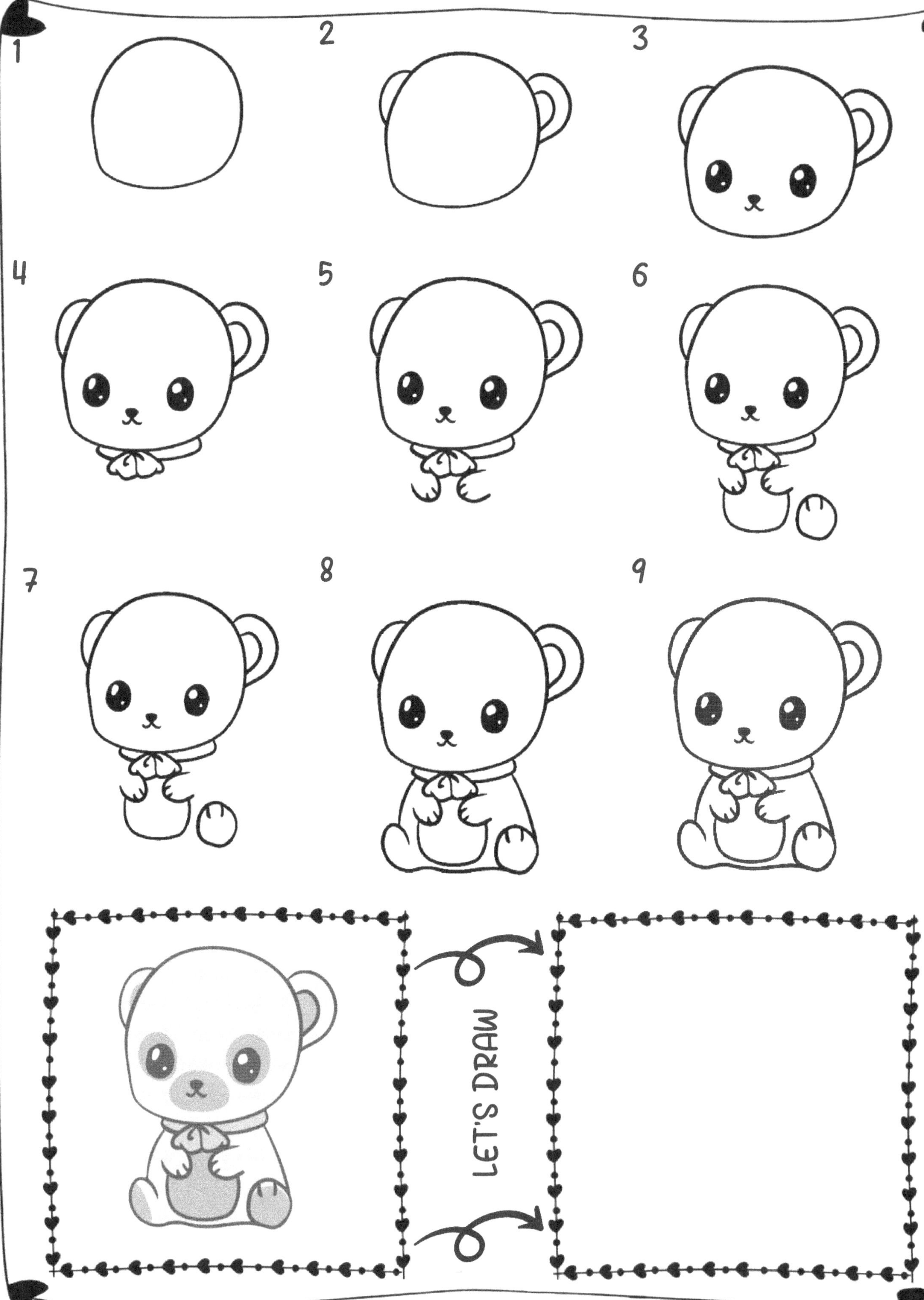
1
2
3
4
5
6
7
8
9
LET'S DRAW

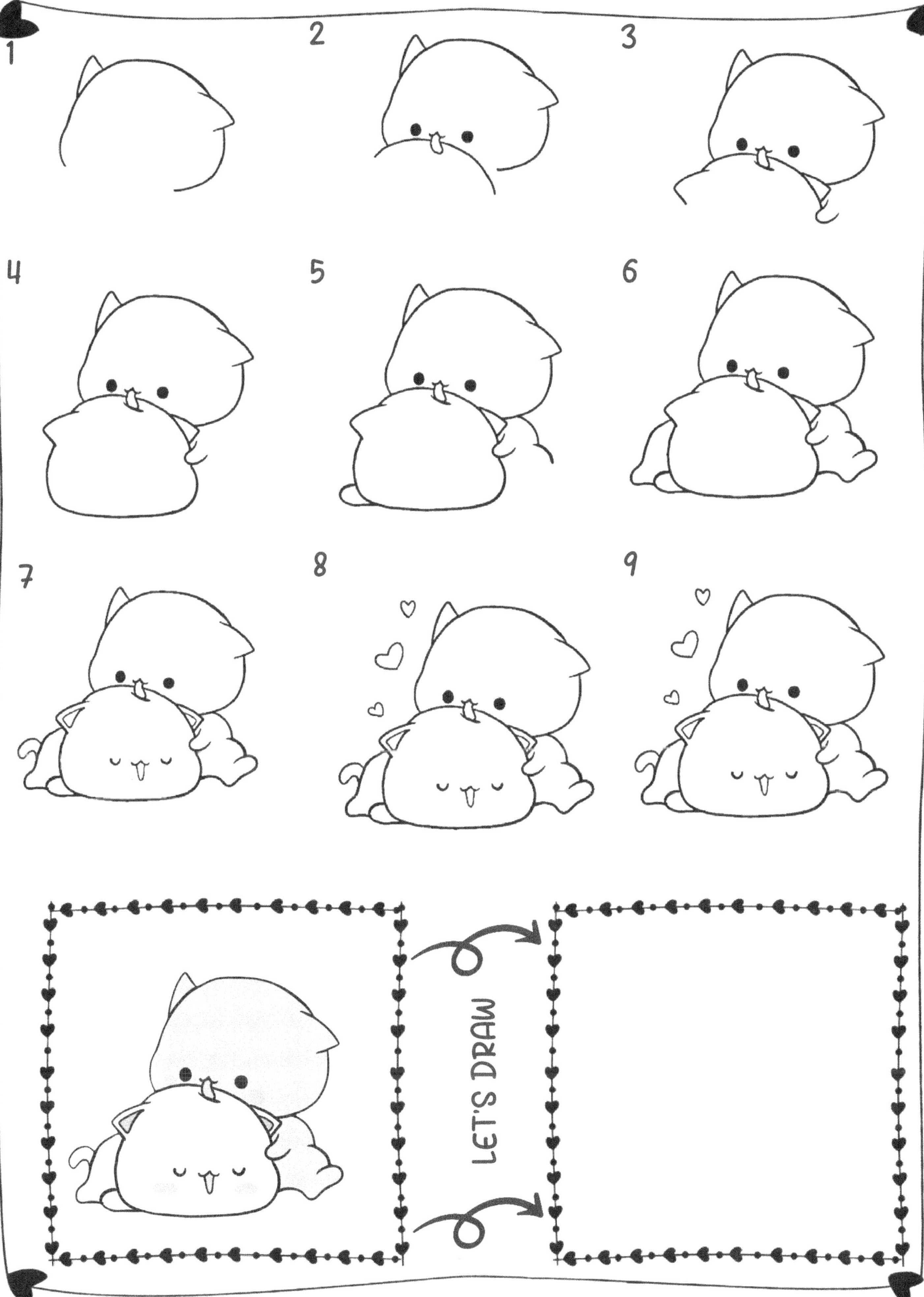

1
2
3
4
5
6
7
8
9
LET'S DRAW

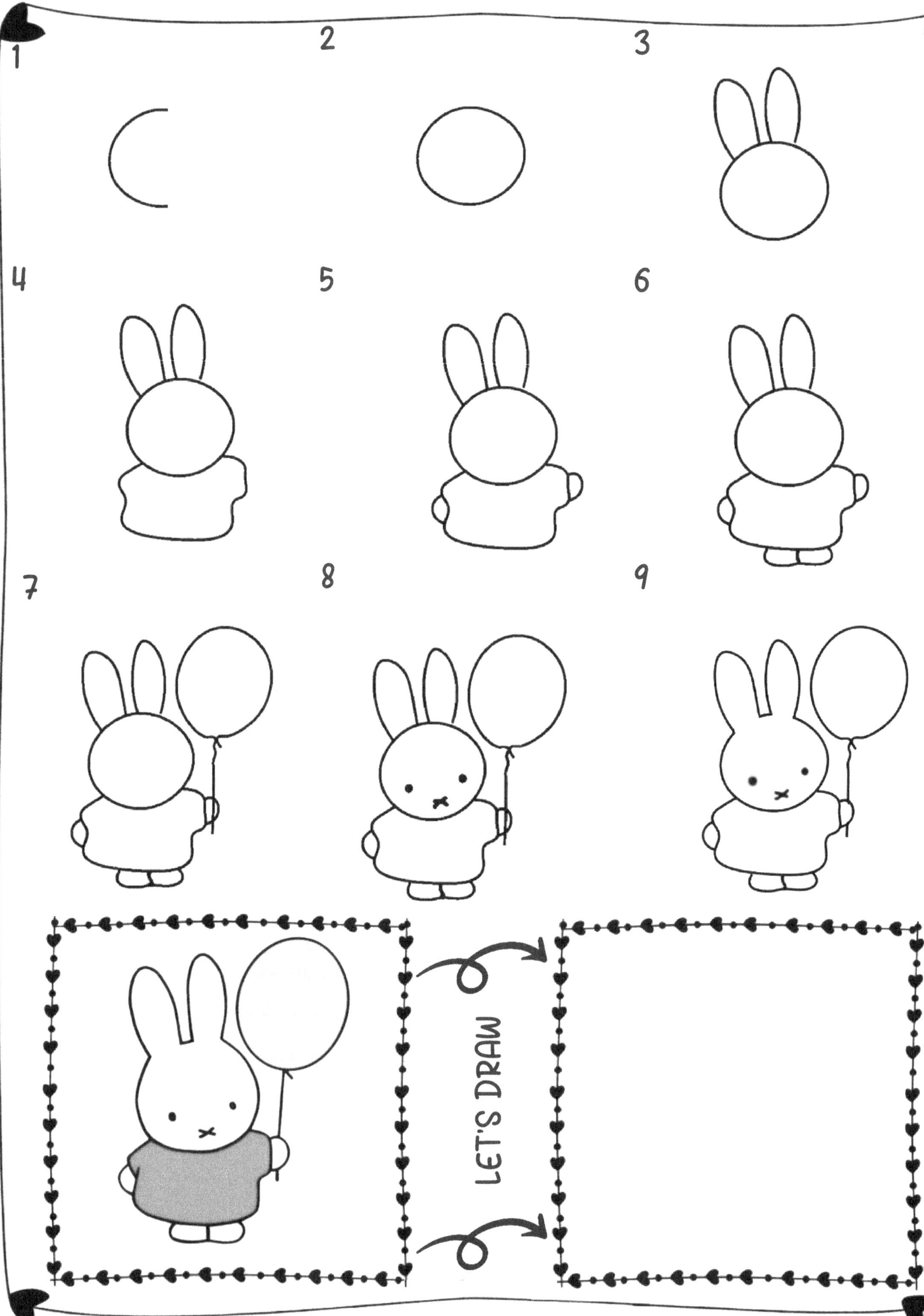

1
2
3
4
5
6
7
8
9
LET'S DRAW

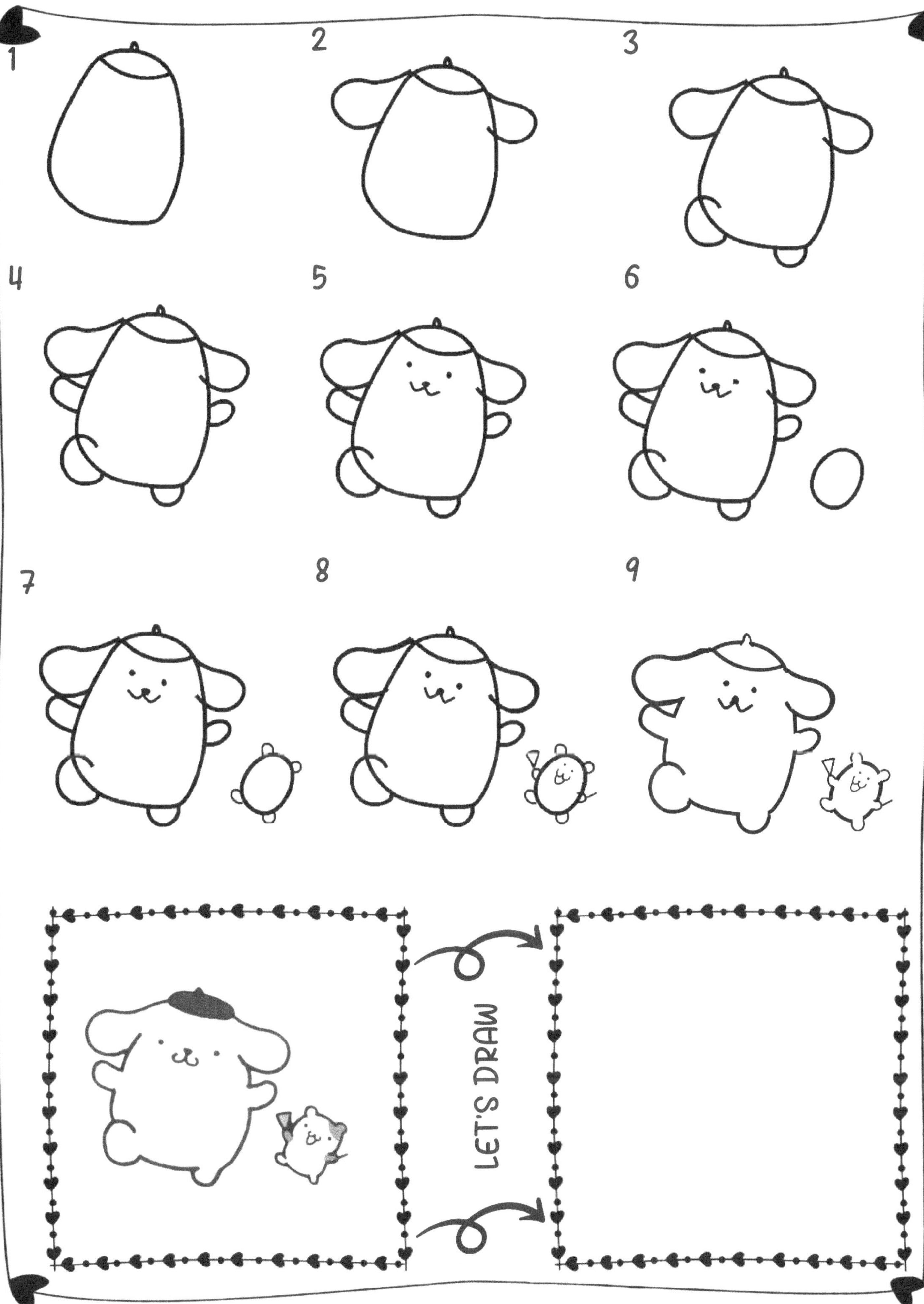
1
2
3
4
5
6
7
8
9
LET'S DRAW

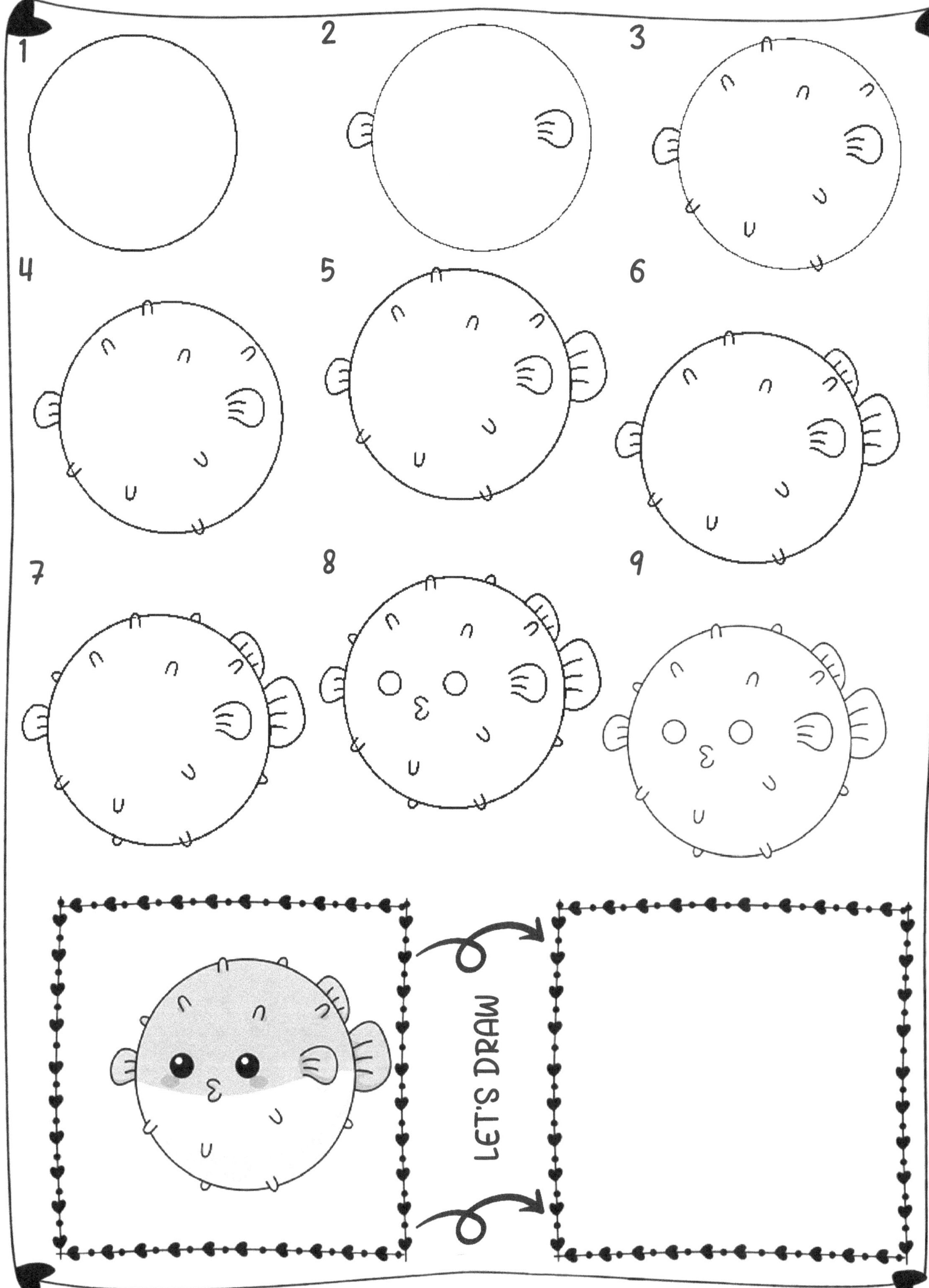

1
2
3
4
5
6
7
8
9
LET'S DRAW

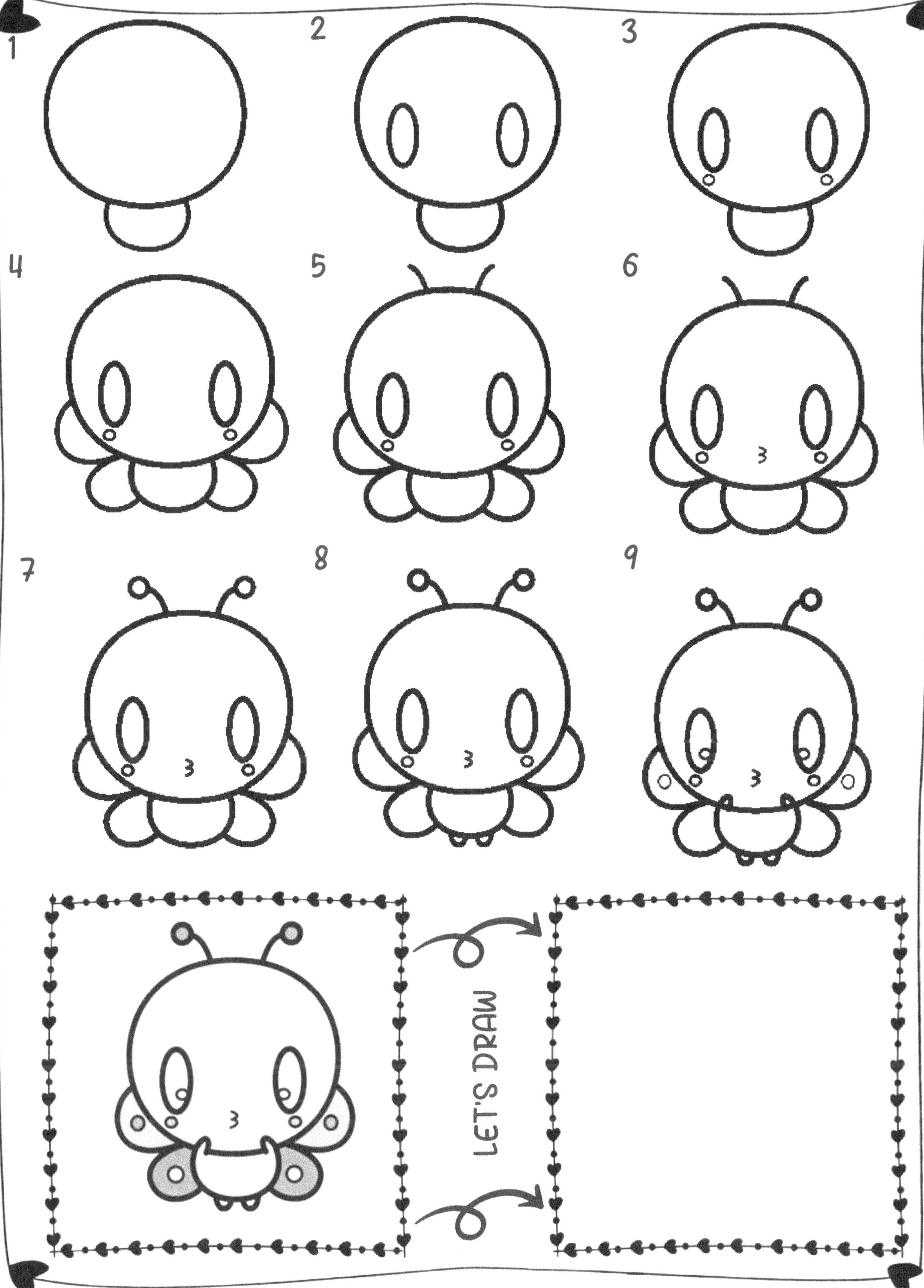

1
2
3
4
5
6
7
8
9
LET'S DRAW

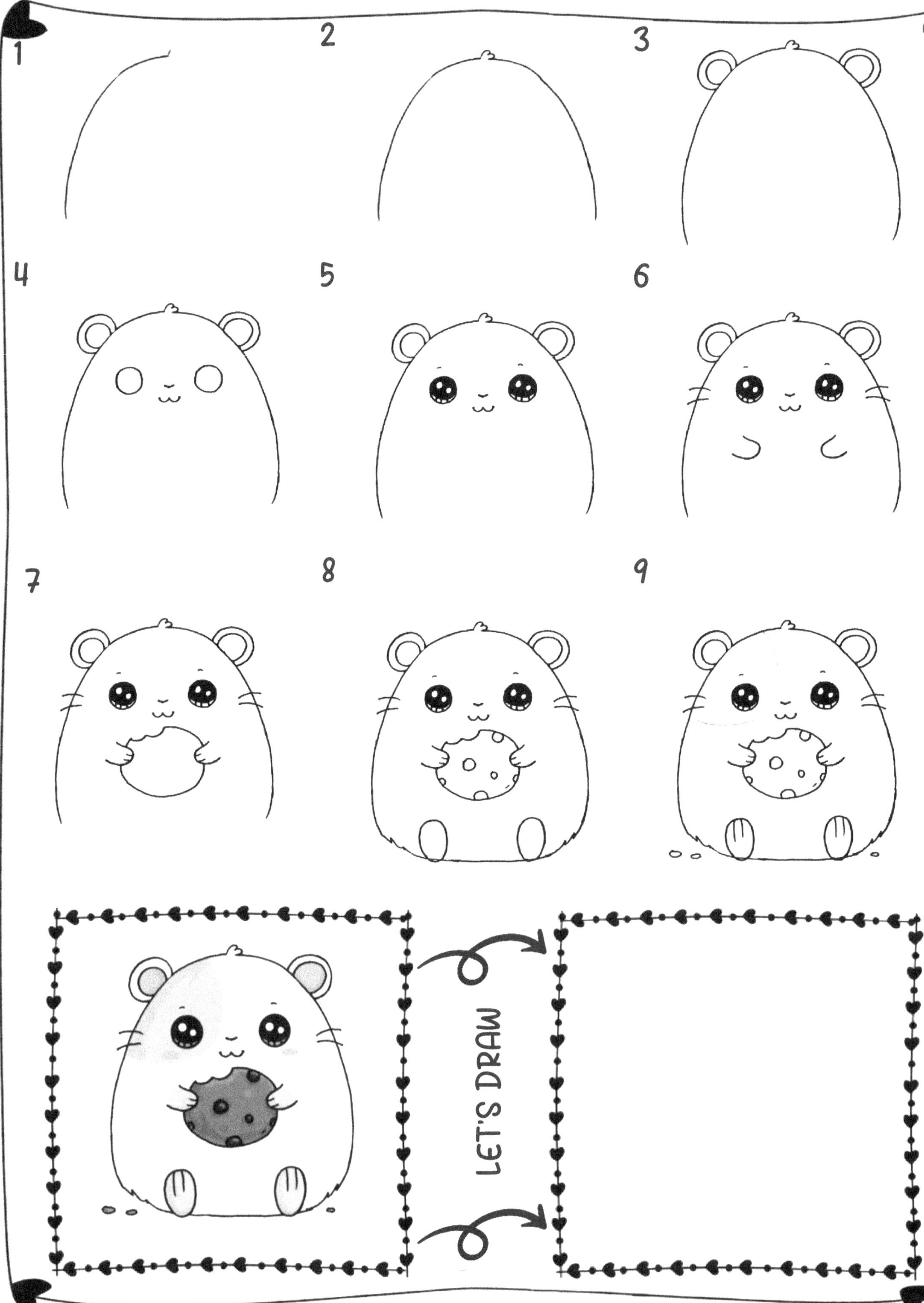

1
2
3
4
5
6
7
8
9
LET'S DRAW

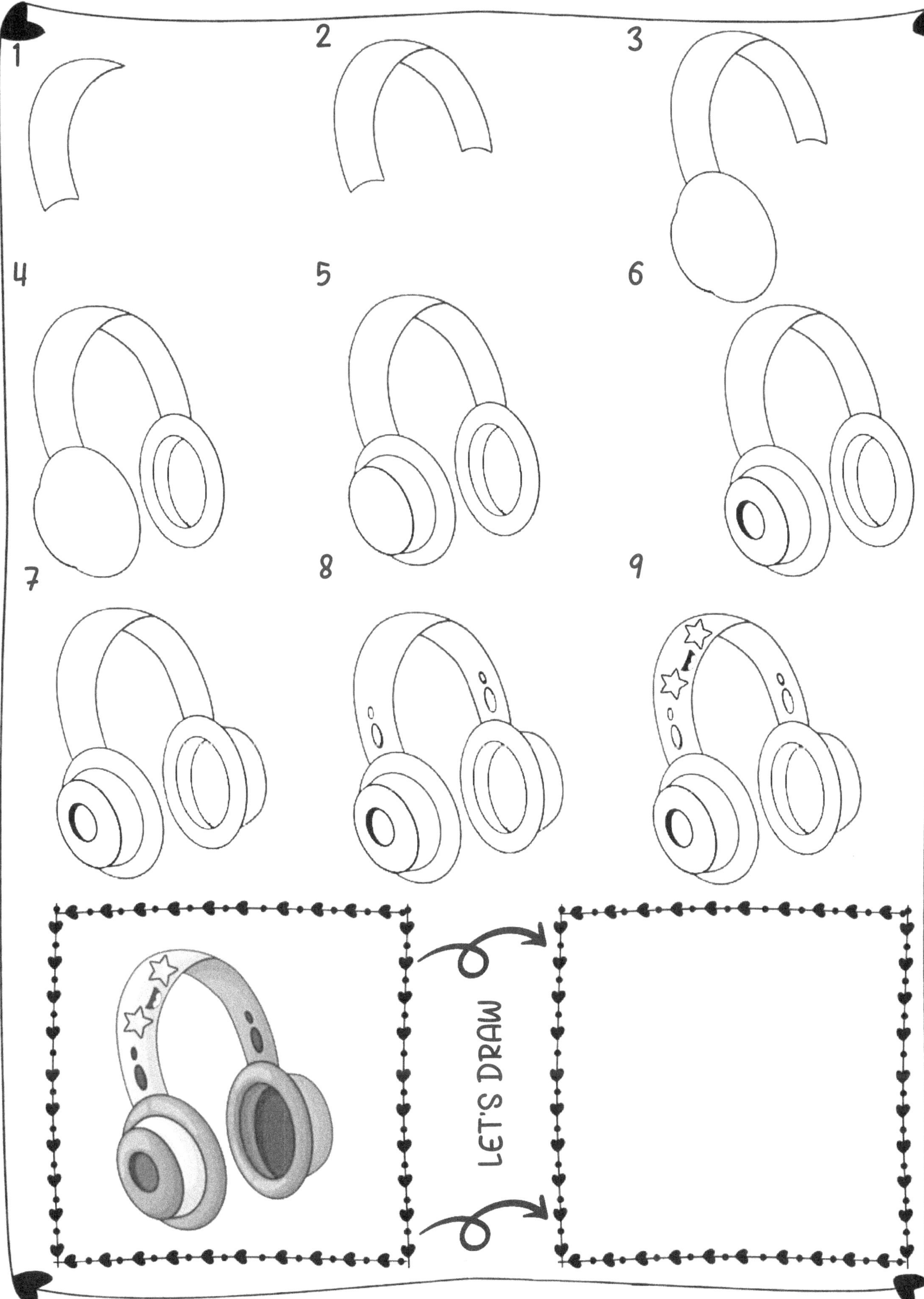

LET'S DRAW

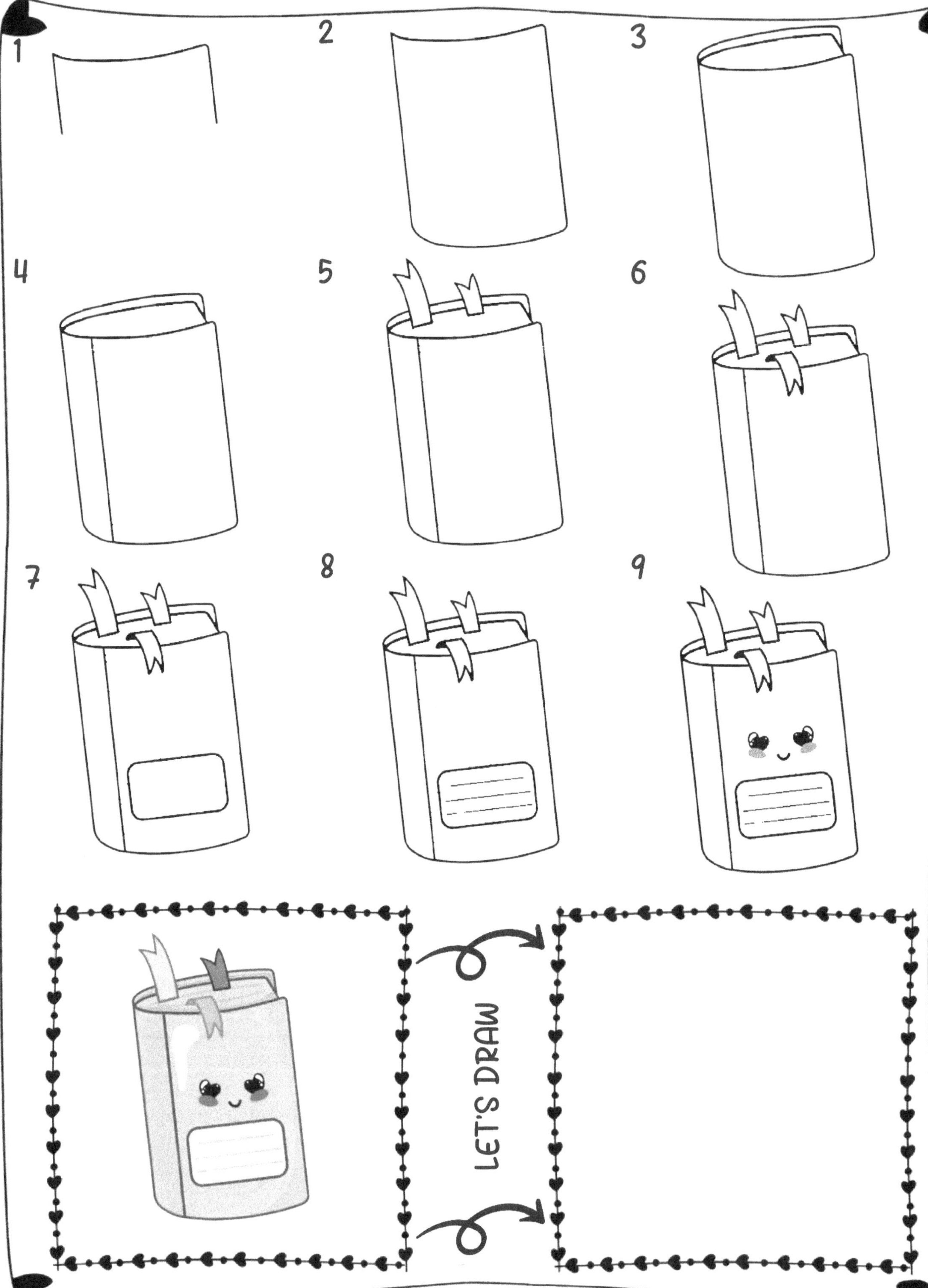

1
2
3
4
5
6
7
8
9
LET'S DRAW

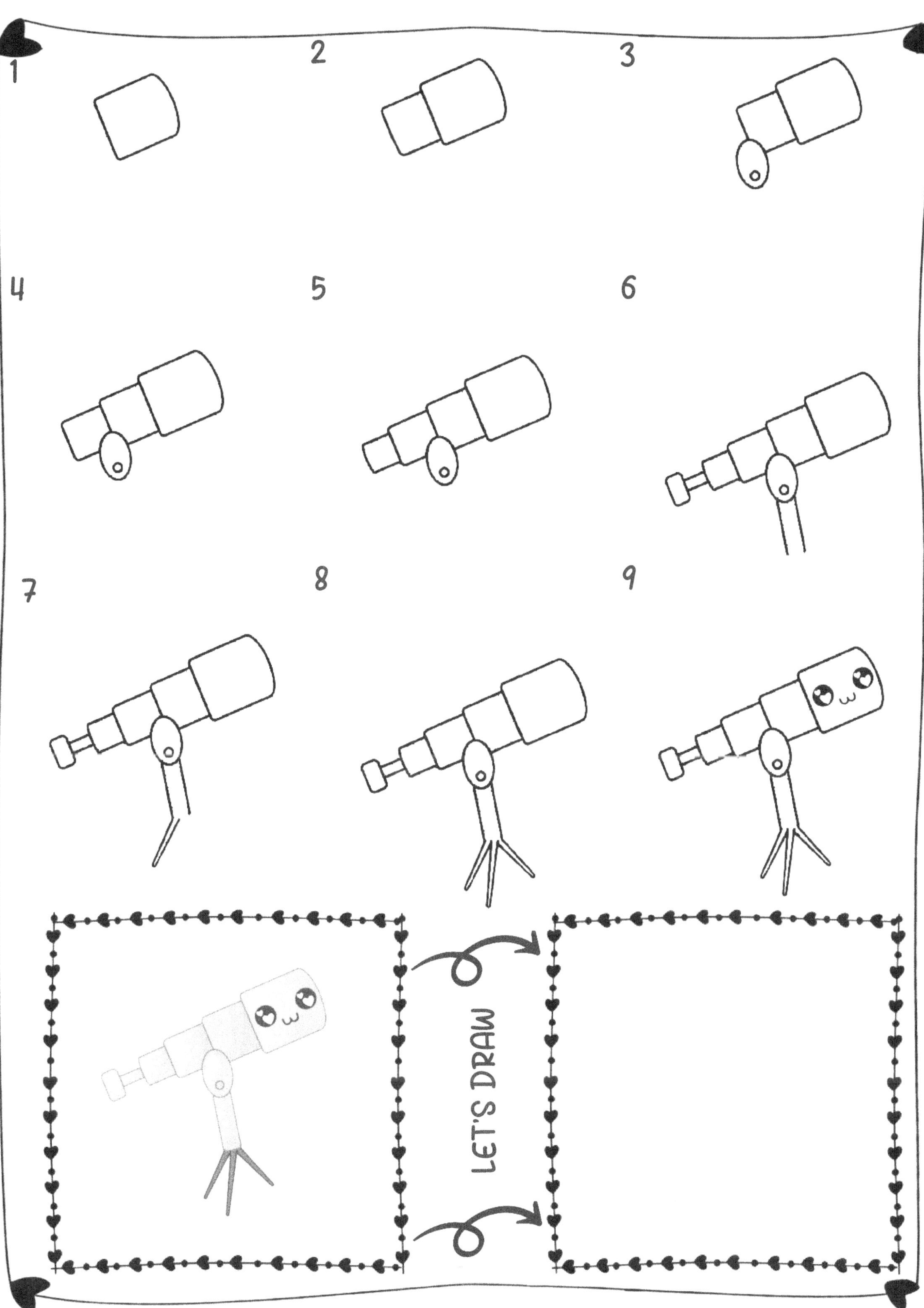

1
2
3
4
5
6
7
8
9
LET'S DRAW

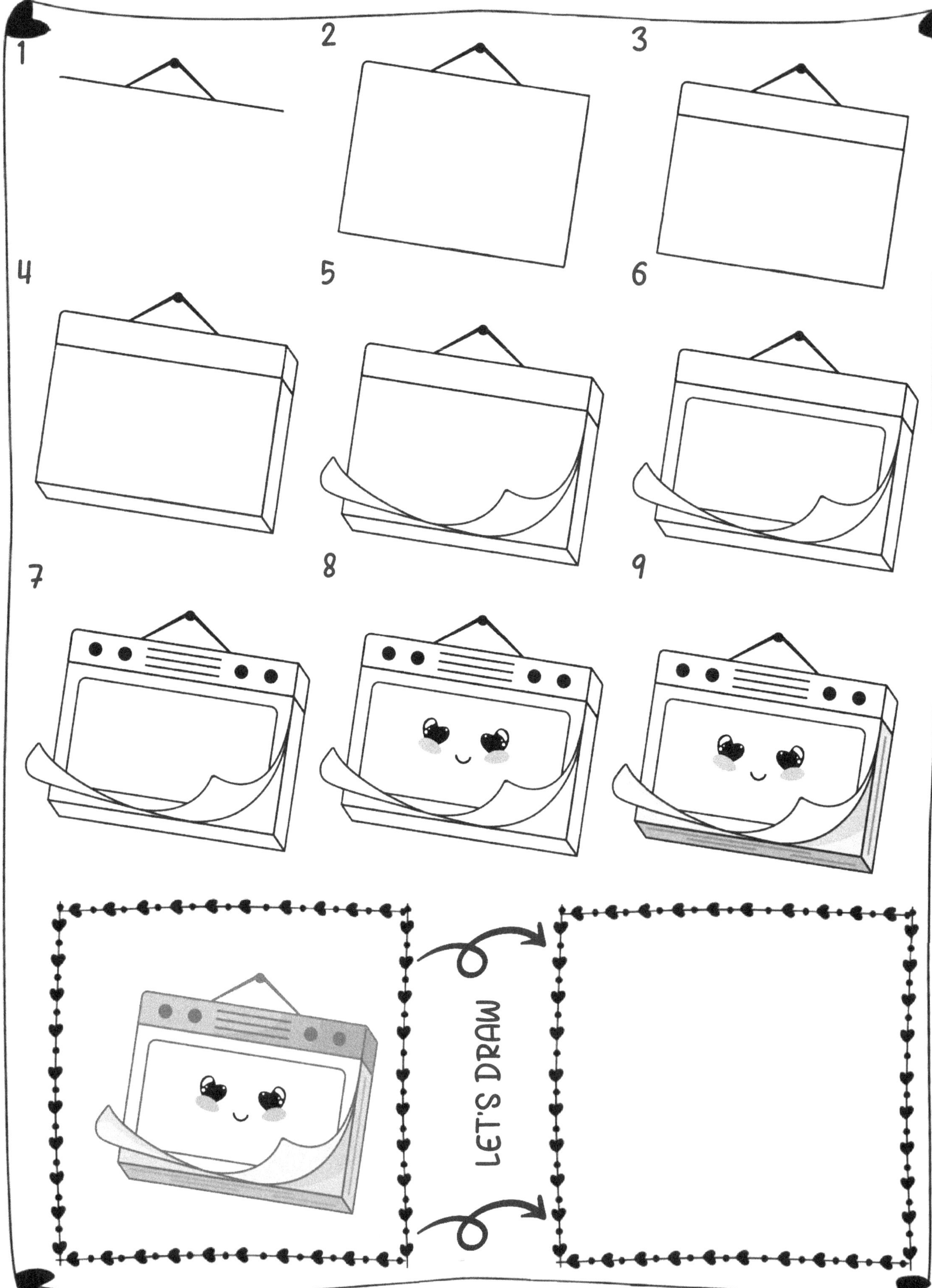

1
2
3
4
5
6
7
8
9
LET'S DRAW

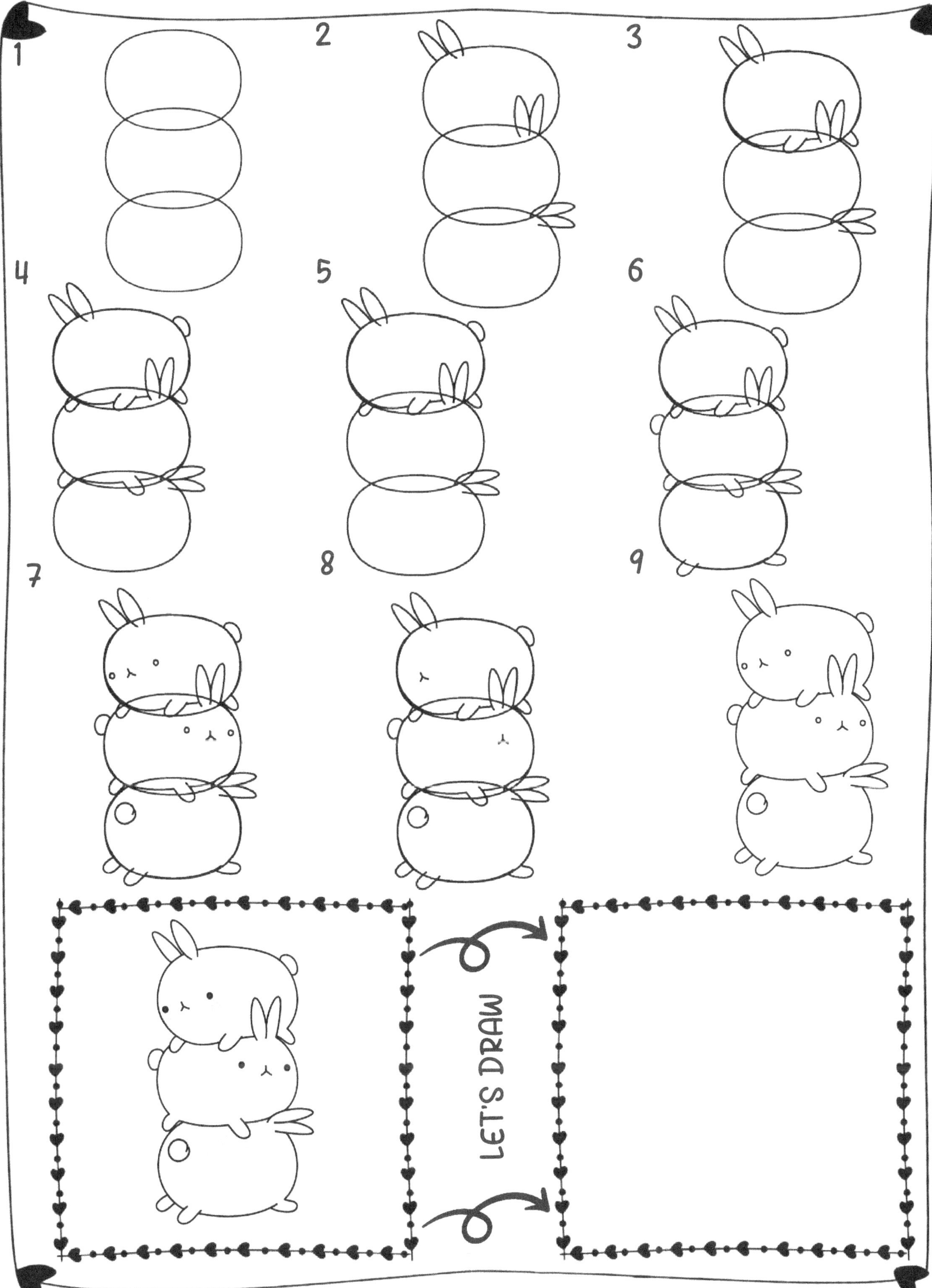
1
2
3
4
5
6
7
8
9
LET'S DRAW

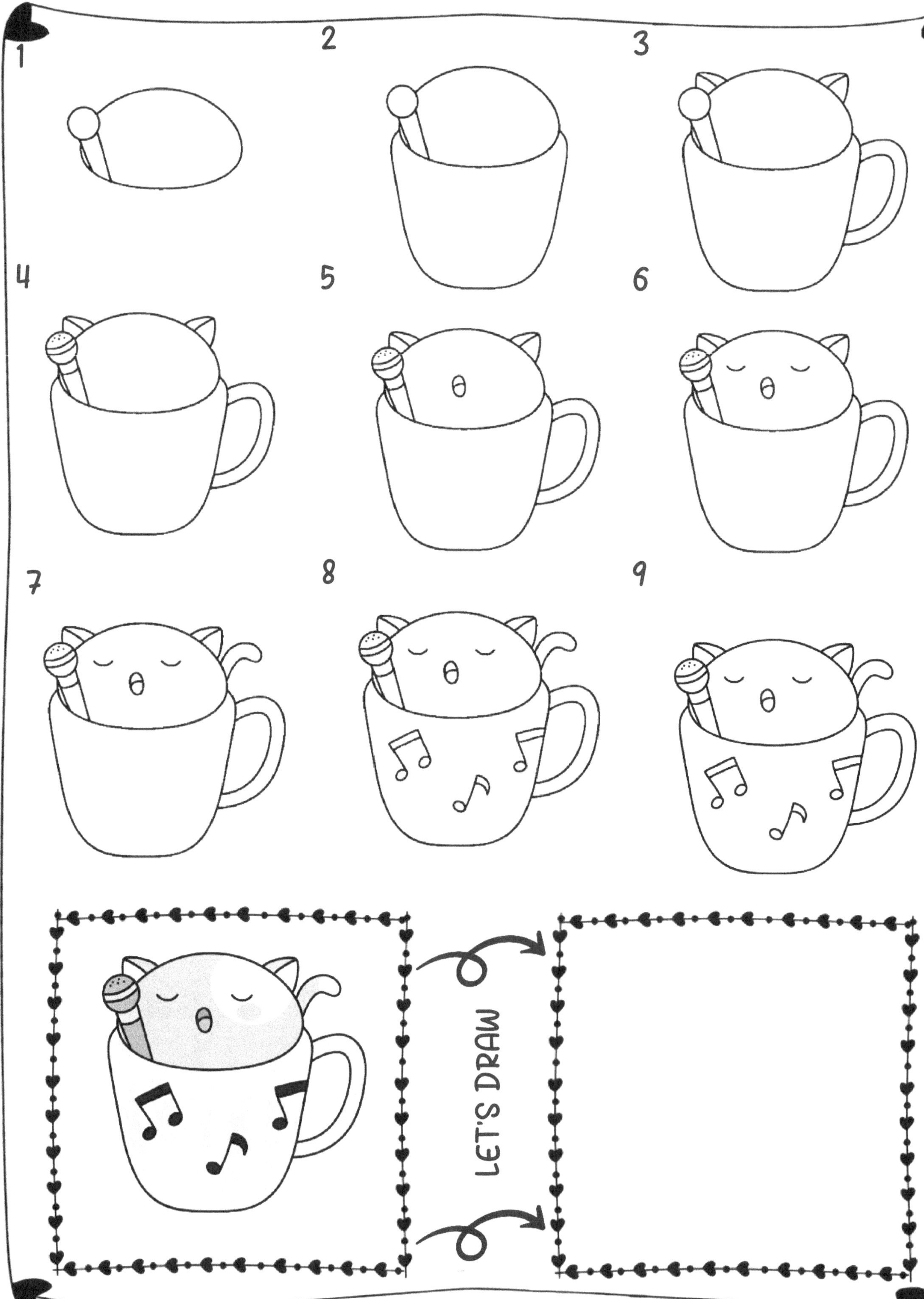

1

2

3

4

5

6

7

8

9

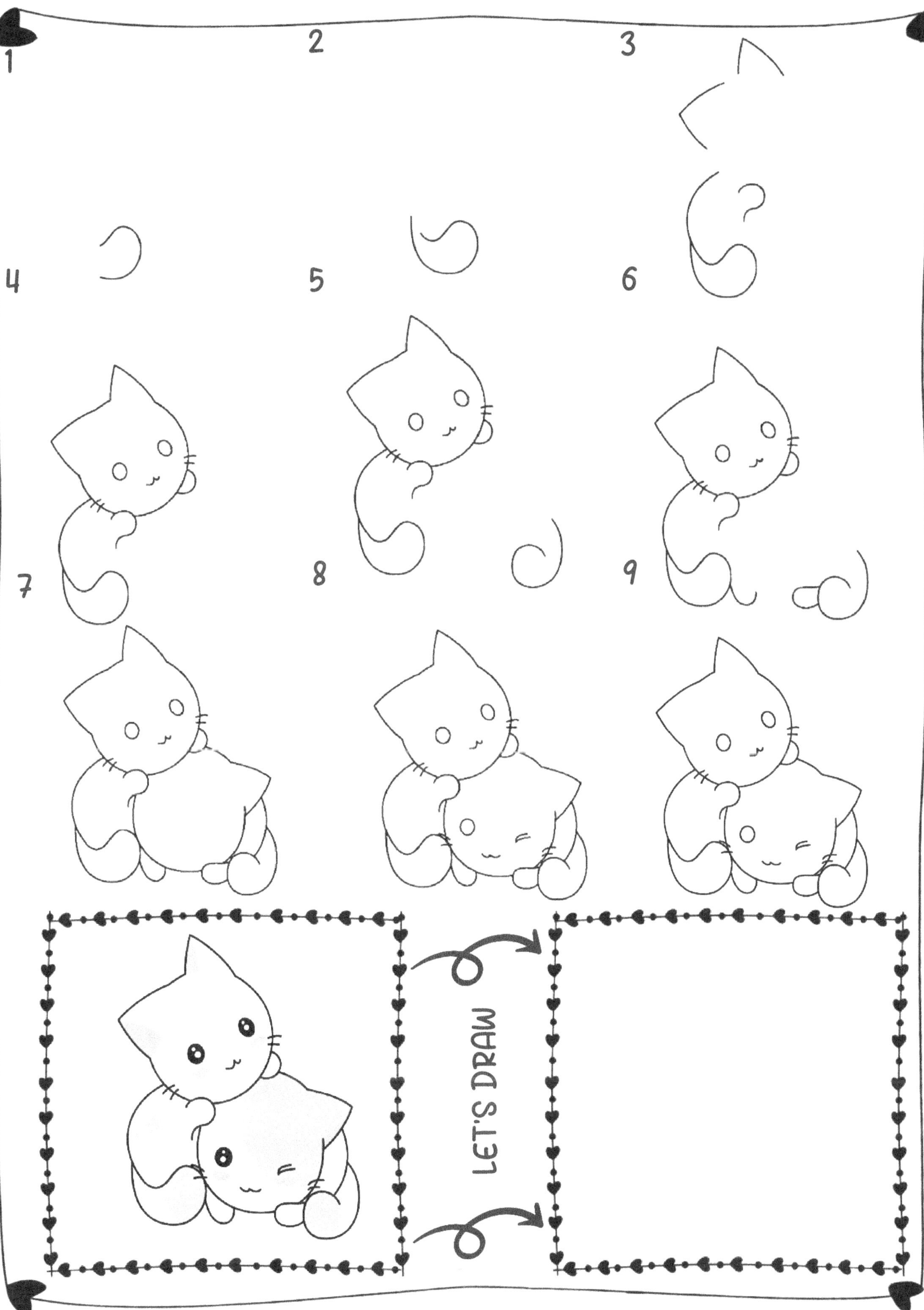
1
2
3
4
5
6
7
8
9
LET'S DRAW

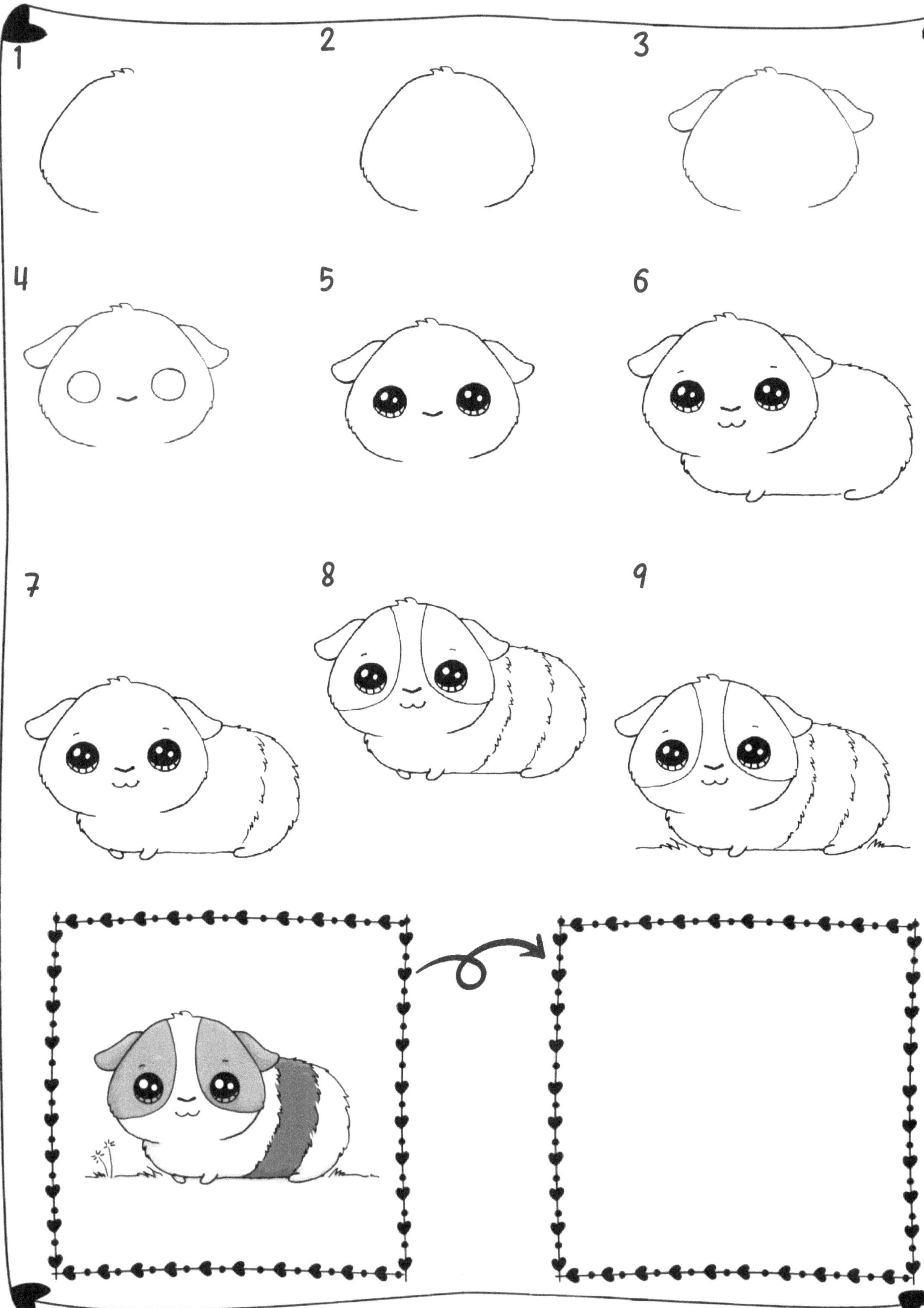

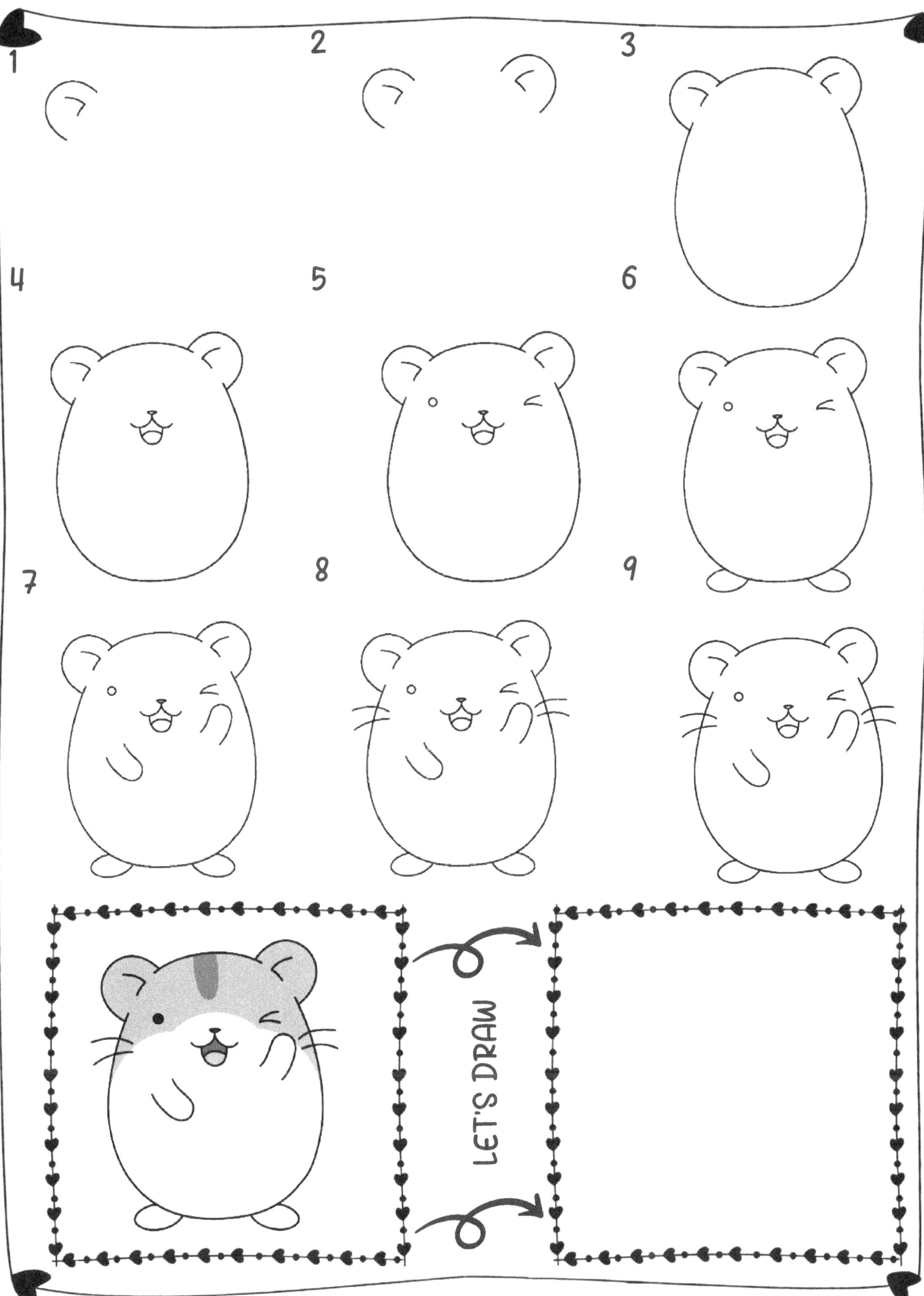
1
2
3
4
5
6
7
8
9
LET'S DRAW

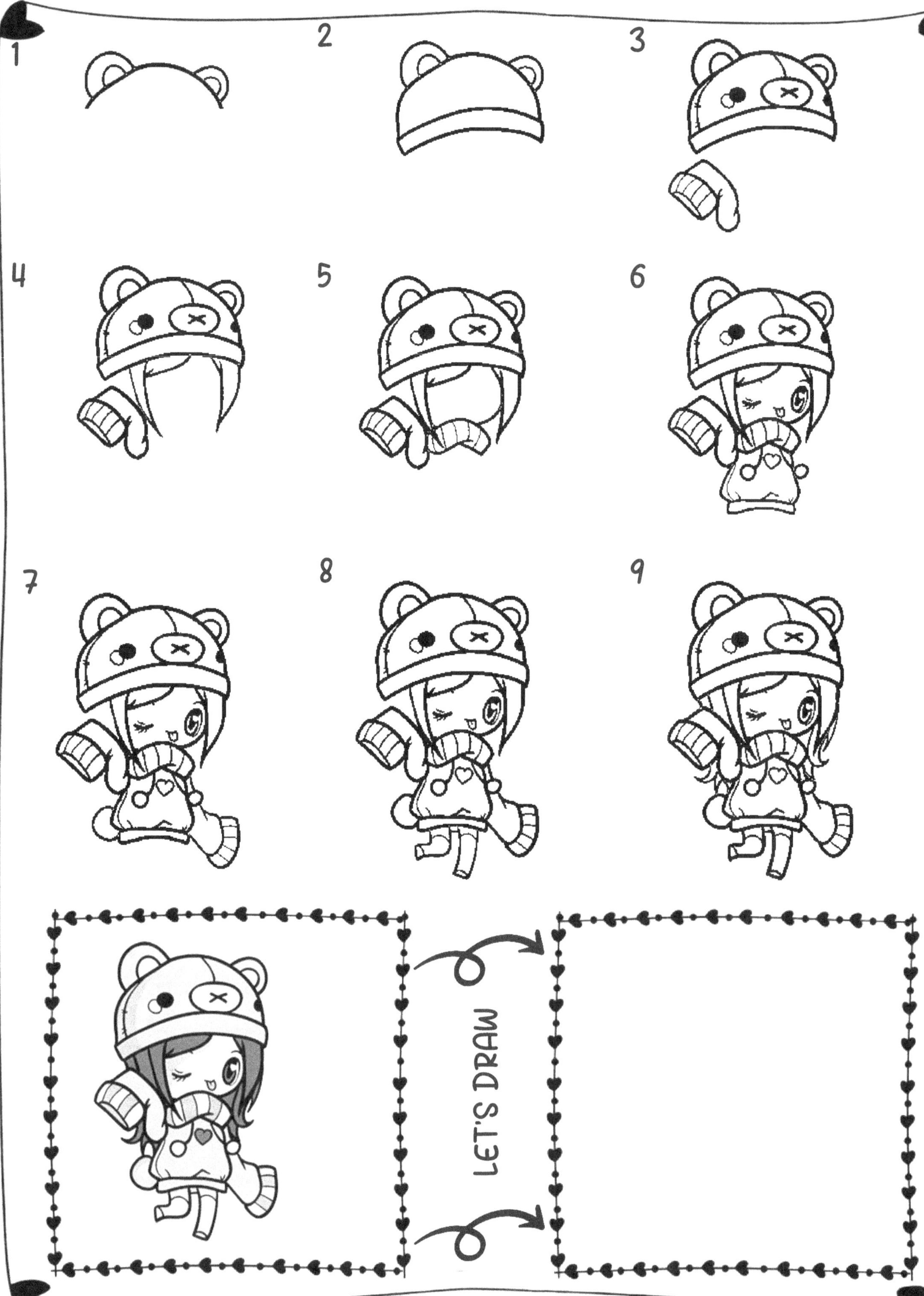

1
2
3
4
5
6
7
8
9
LET'S DRAW

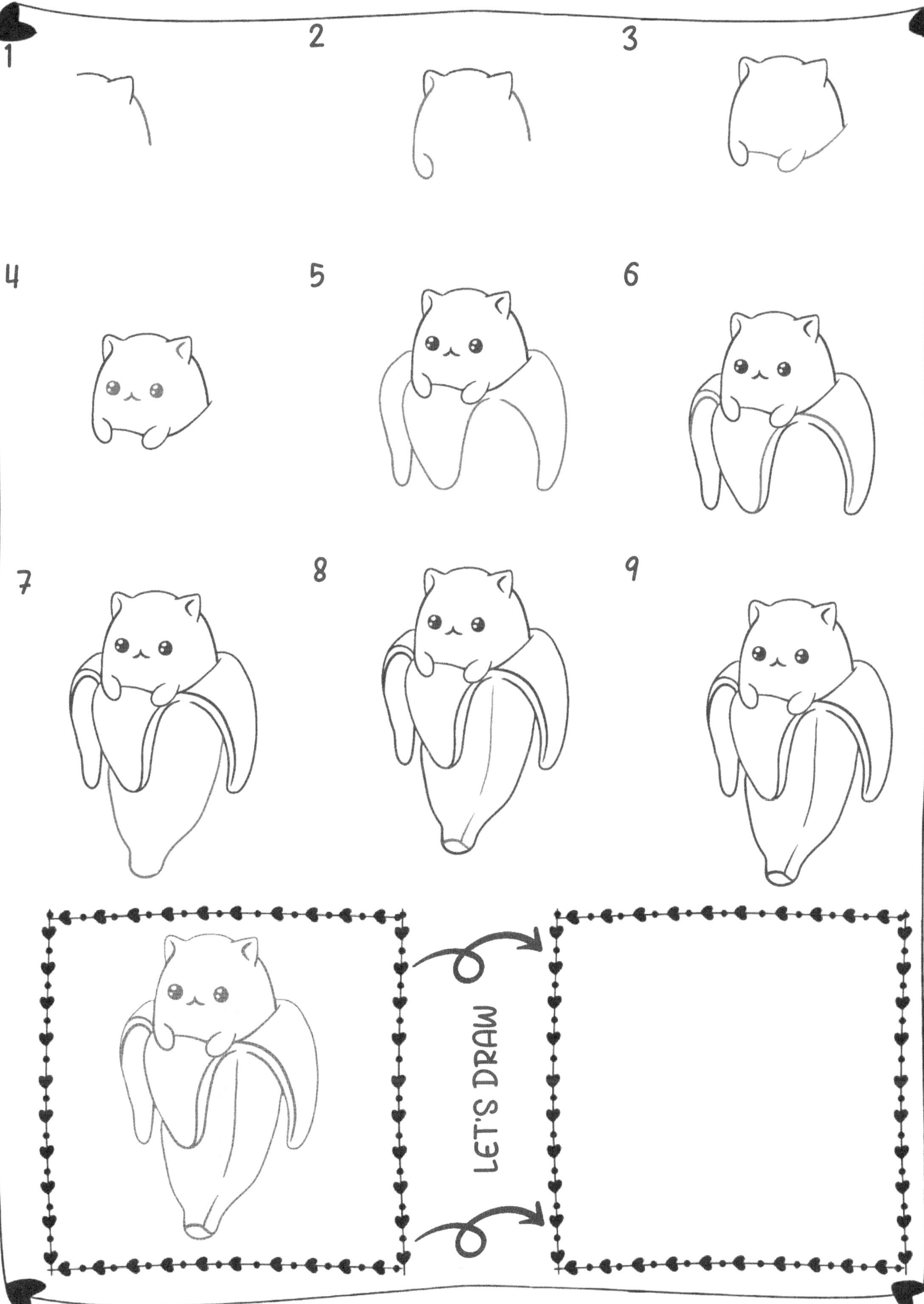

1

2

3

4

5

6

7

8

9

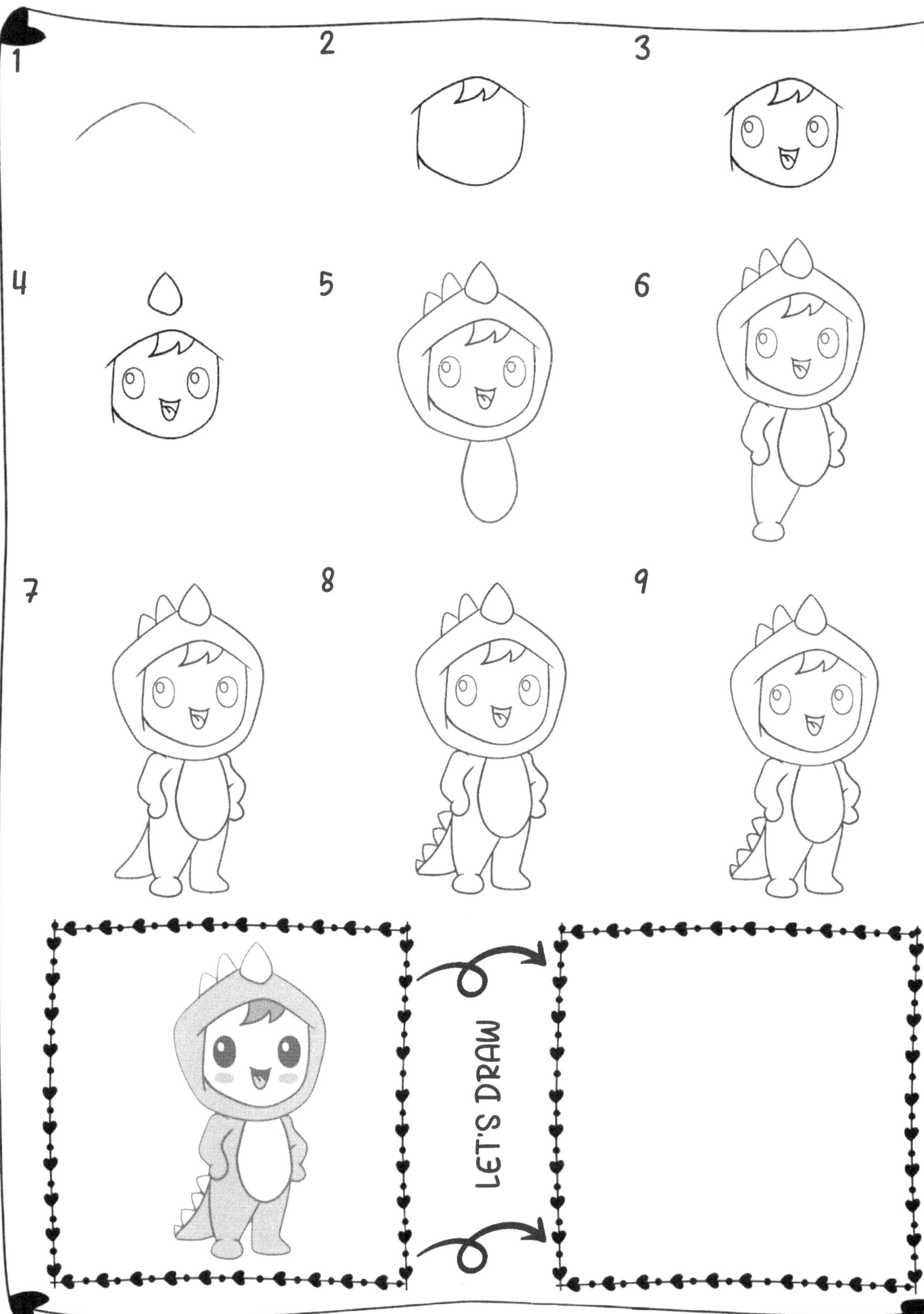

1
2
3
4
5
6
7
8
9
LET'S DRAW

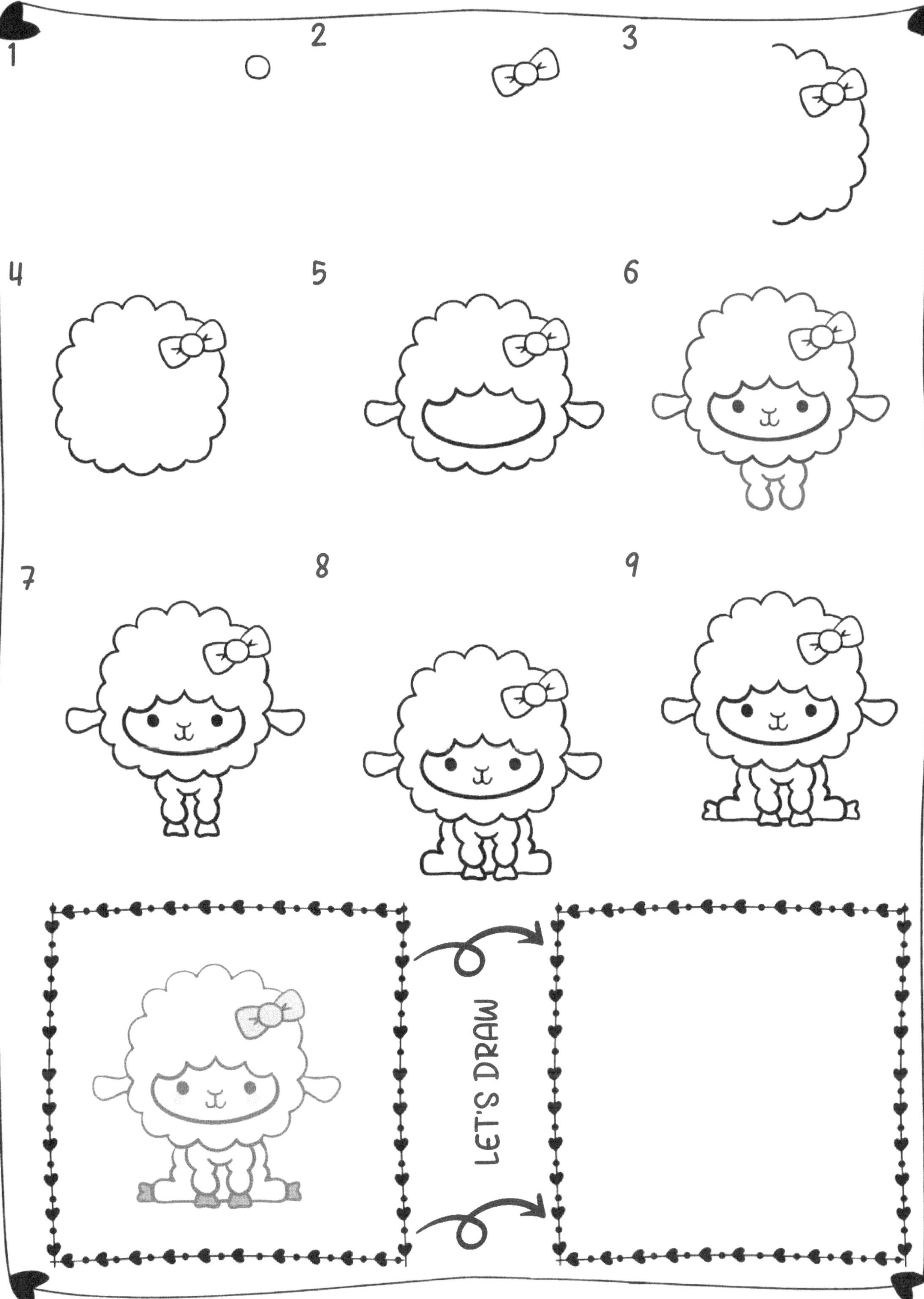

1
2
3
4
5
6
7
8
9
LET'S DRAW

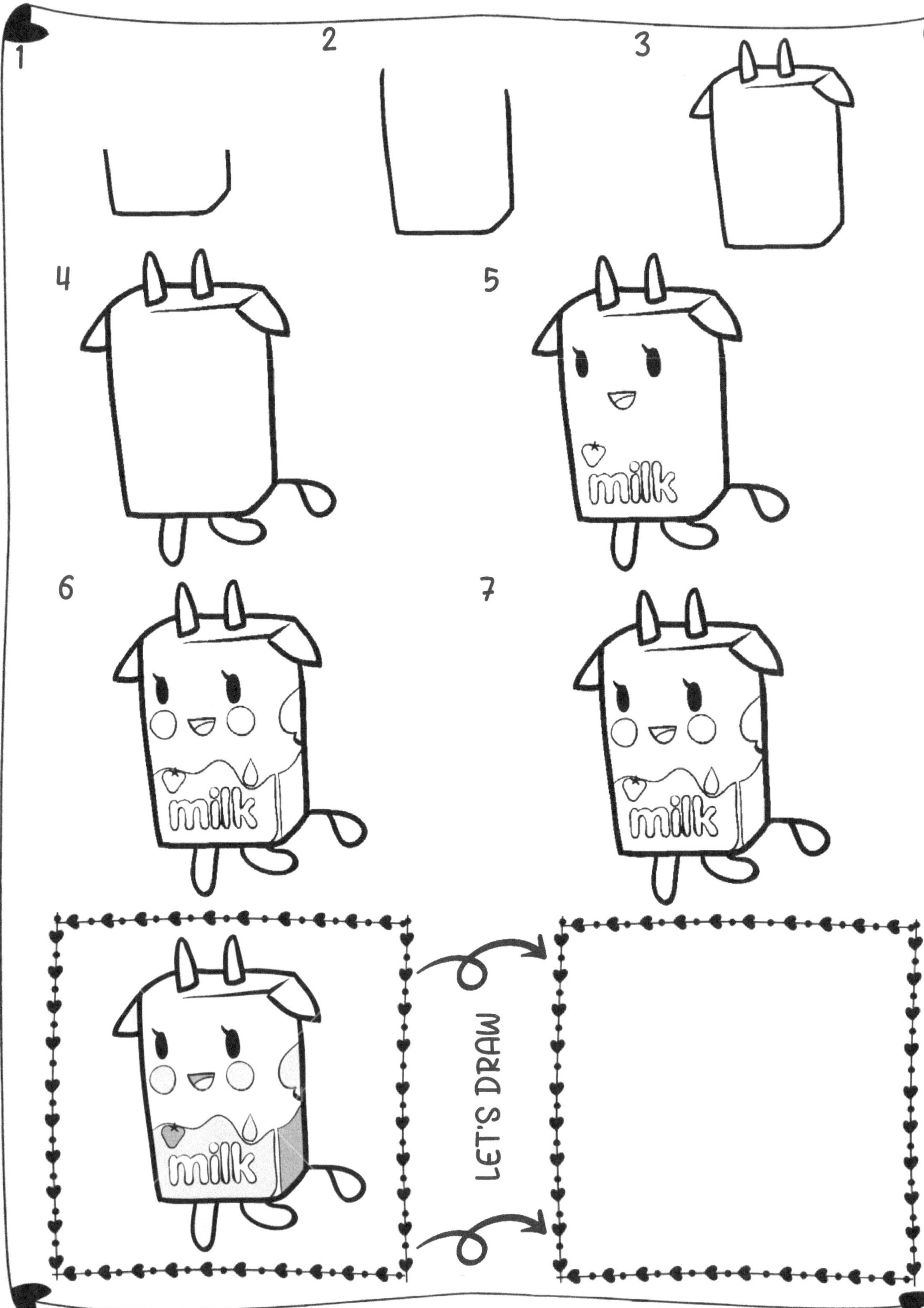

1
2
3
4
5
6
7
milk
LET'S DRAW

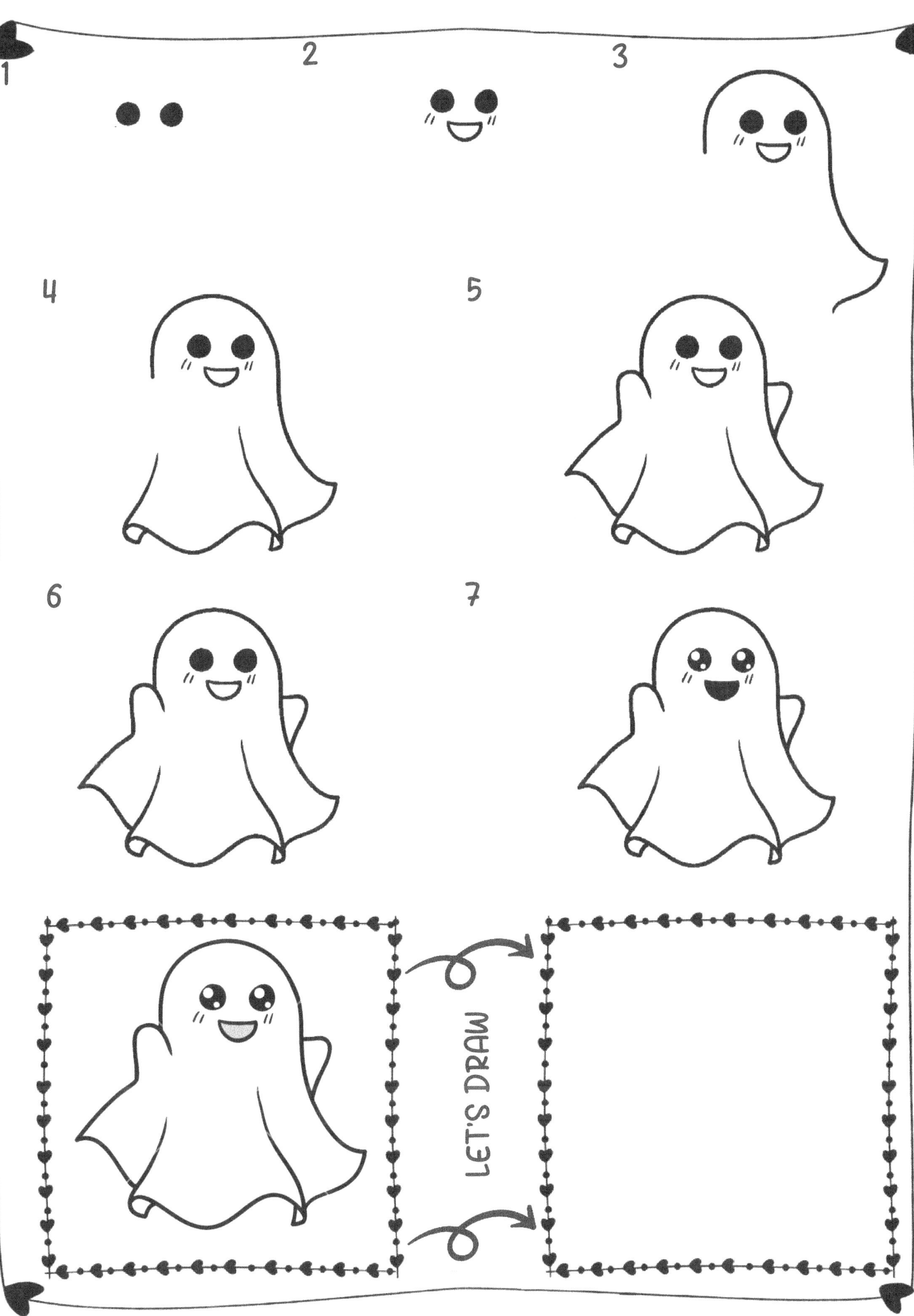

1
2
3
4
5
6
7
LET'S DRAW

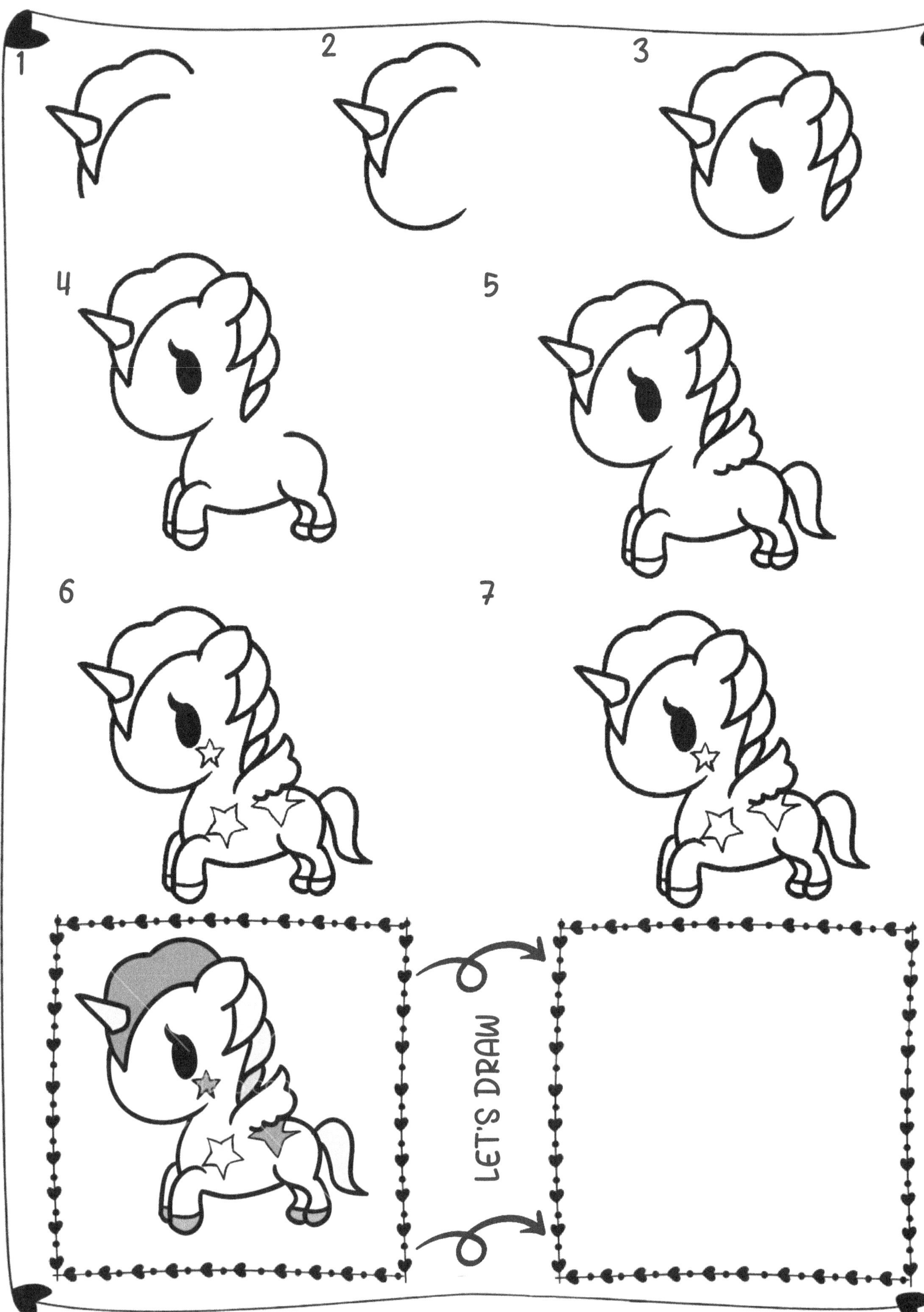

1
2
3
4
5
6
7
LET'S DRAW

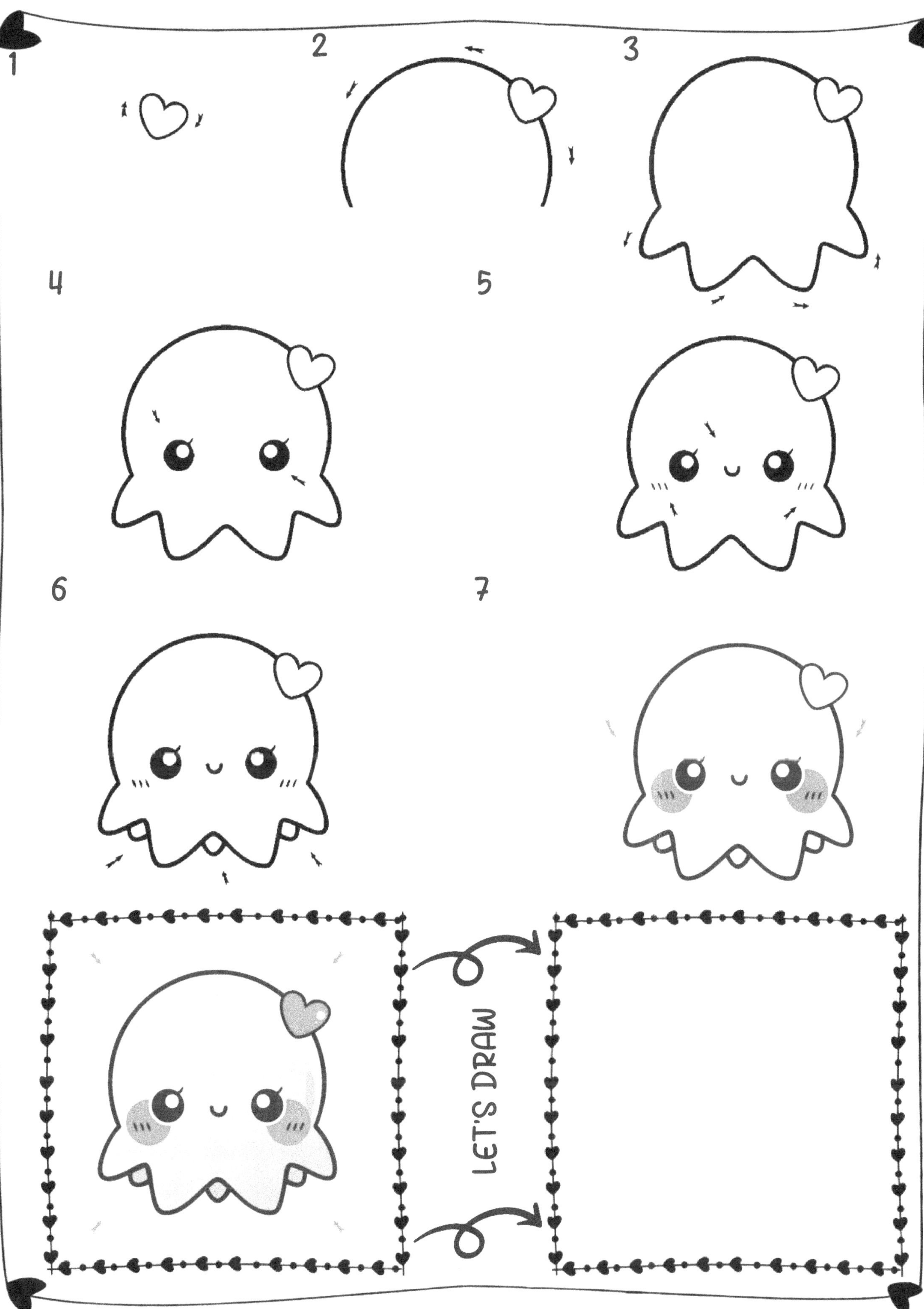

1
2
3
4
5
6
7
LET'S DRAW

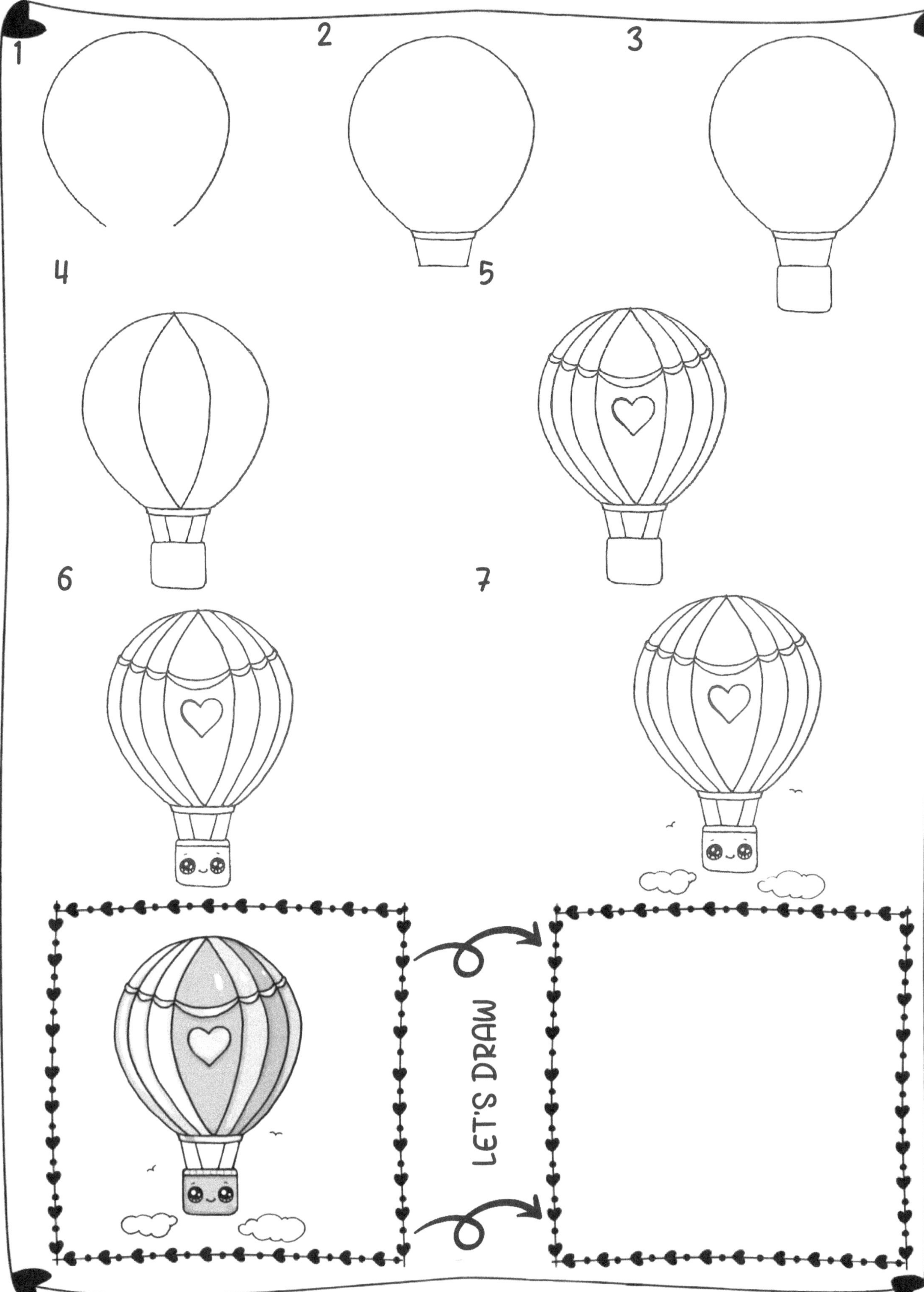

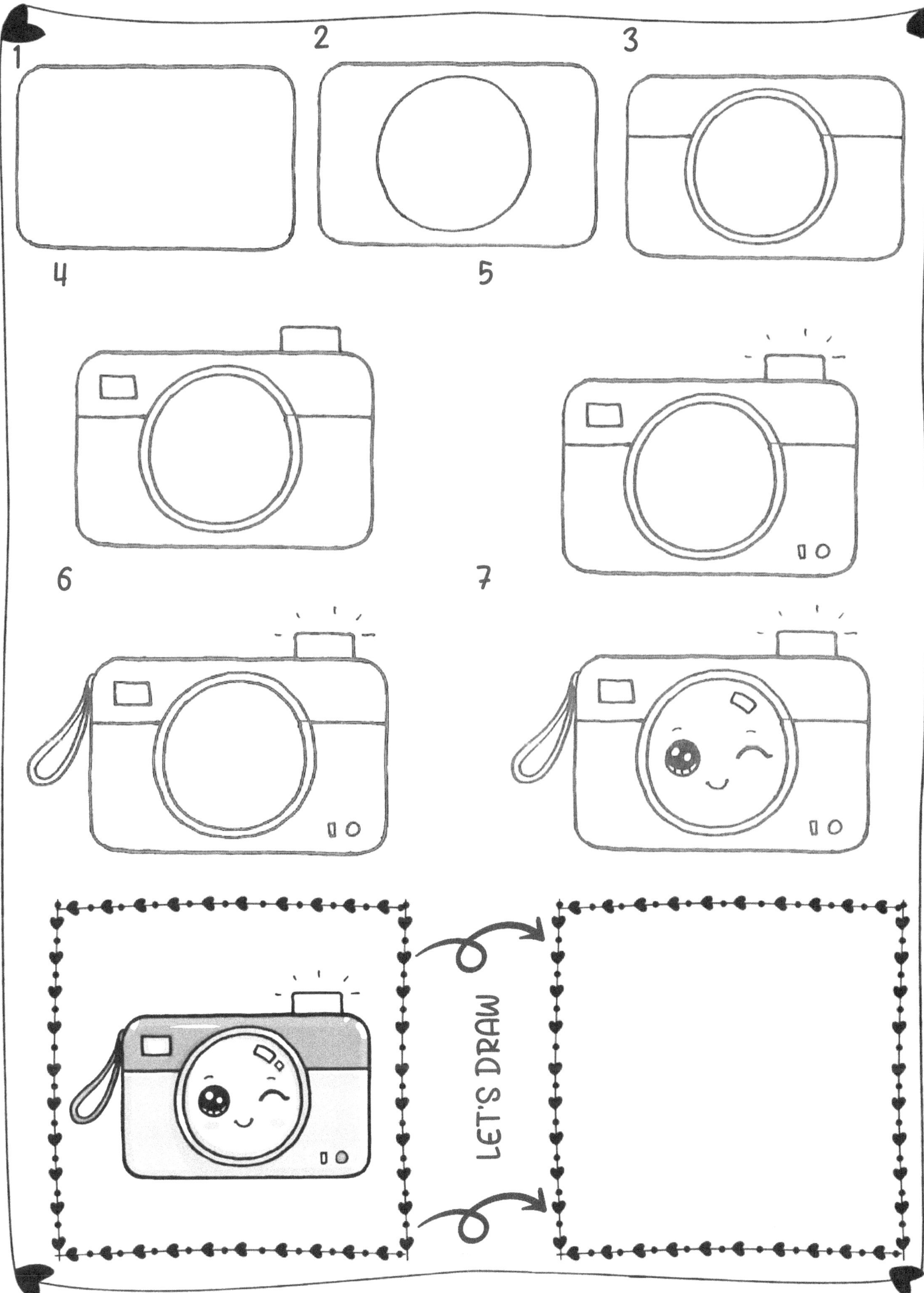

1
2
3
4
5
6
7
LET'S DRAW

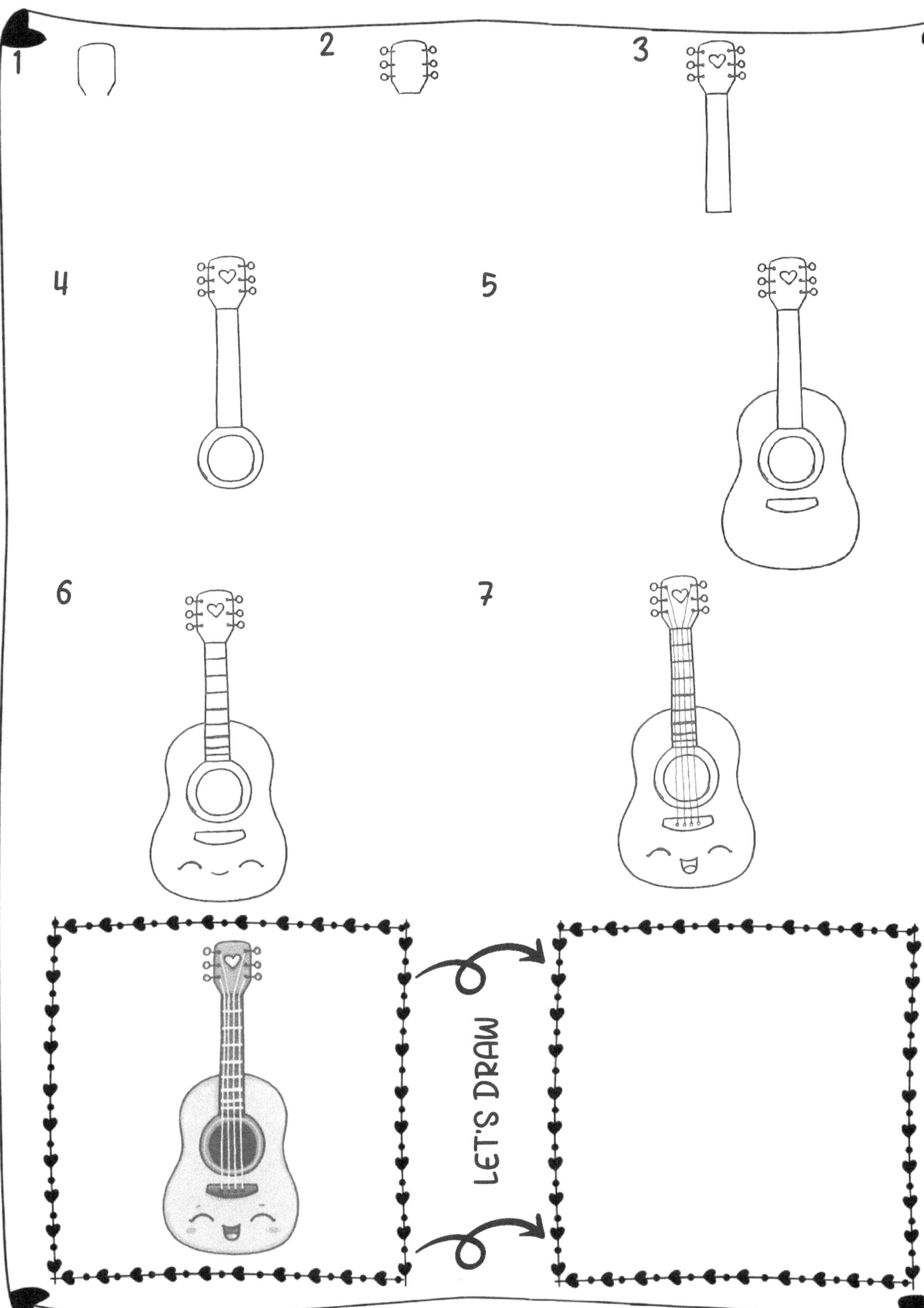

1
2
3
4
5
6
7
LET'S DRAW

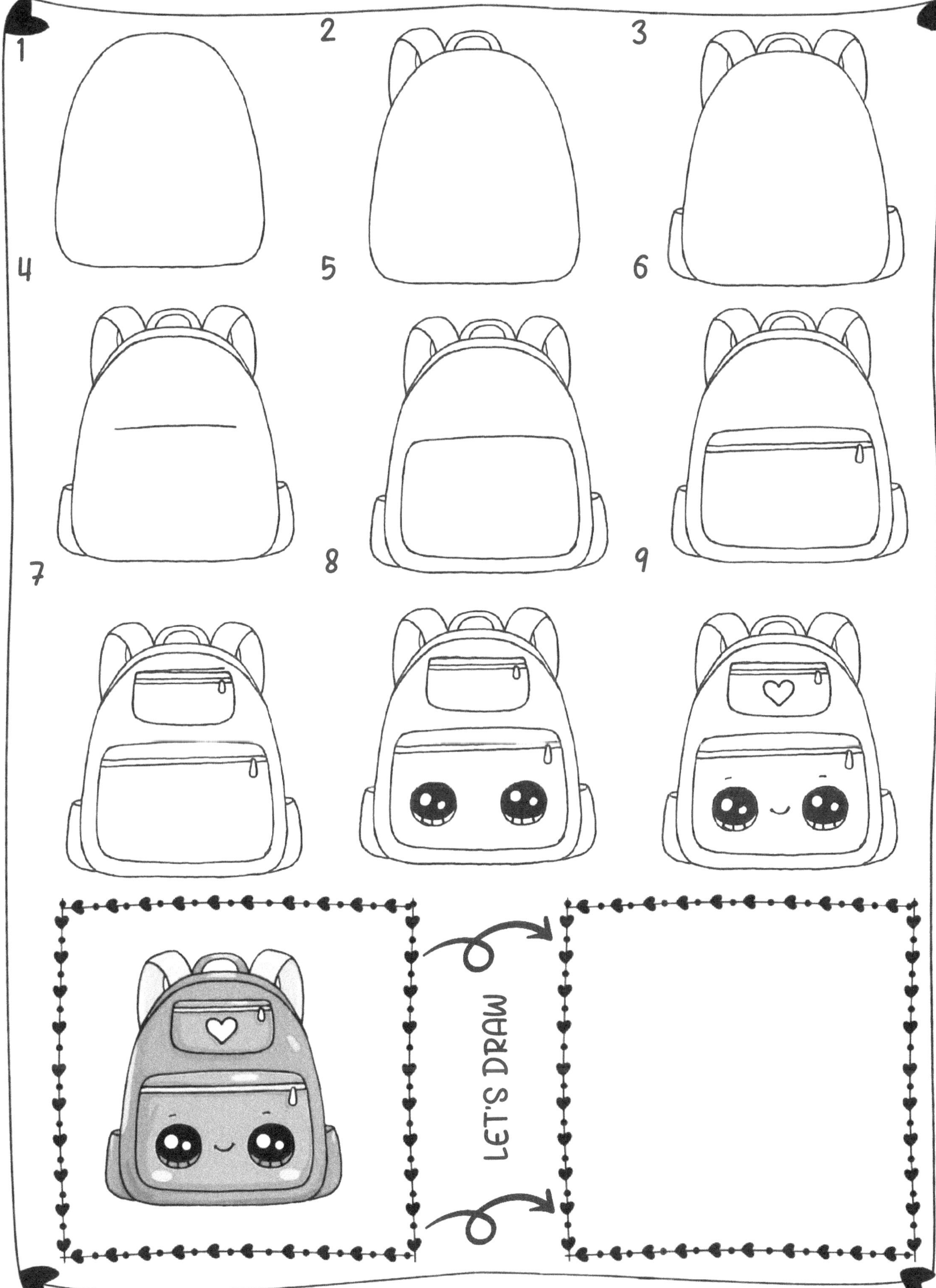

1
2
3
4
5
6
7
8
9
LET'S DRAW

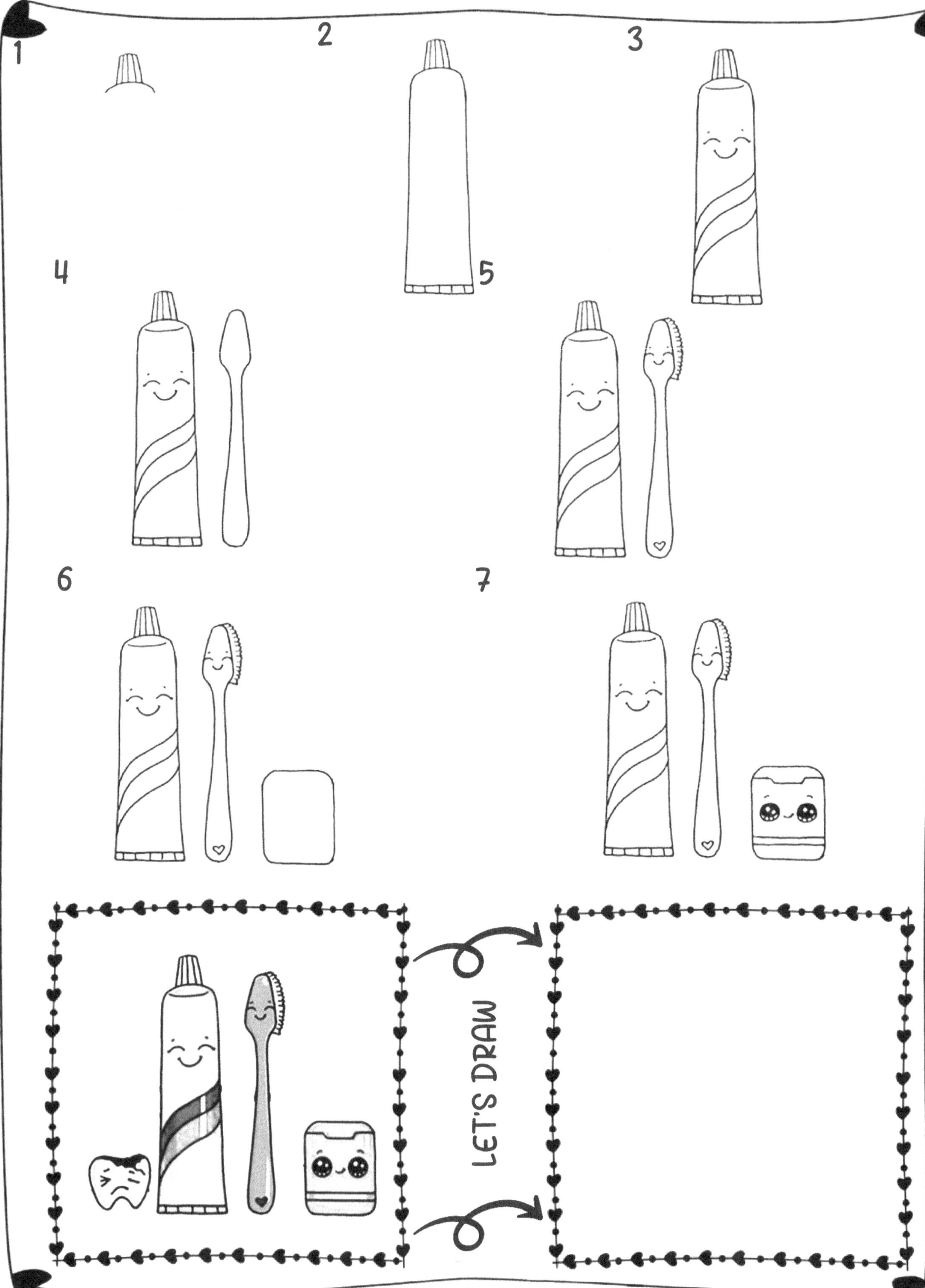

1
2
3
4
5
6
7
LET'S DRAW

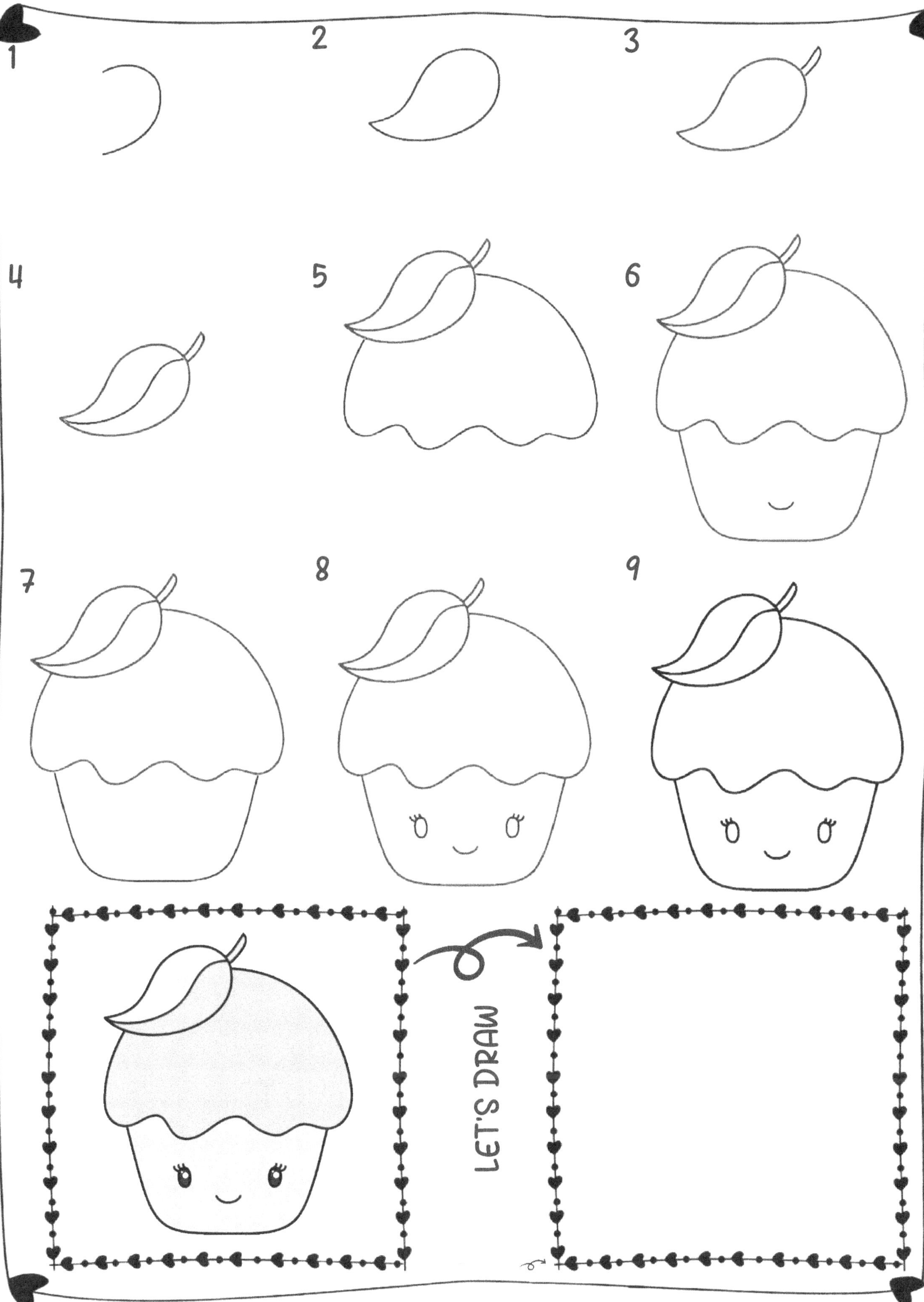

1
2
3
4
5
6
7
8
9
LET'S DRAW

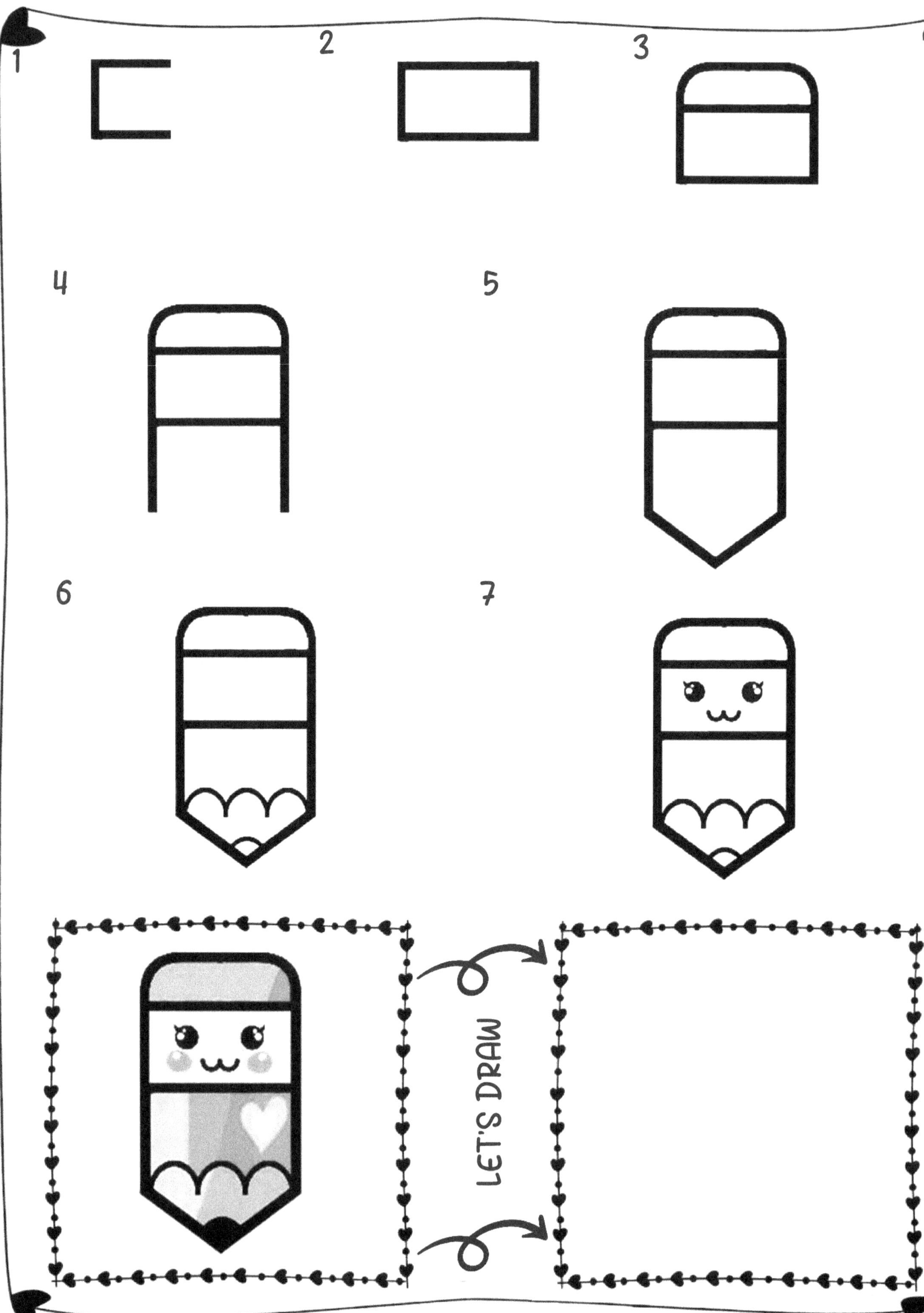

1
2
3
4
5
6
7
LET'S DRAW

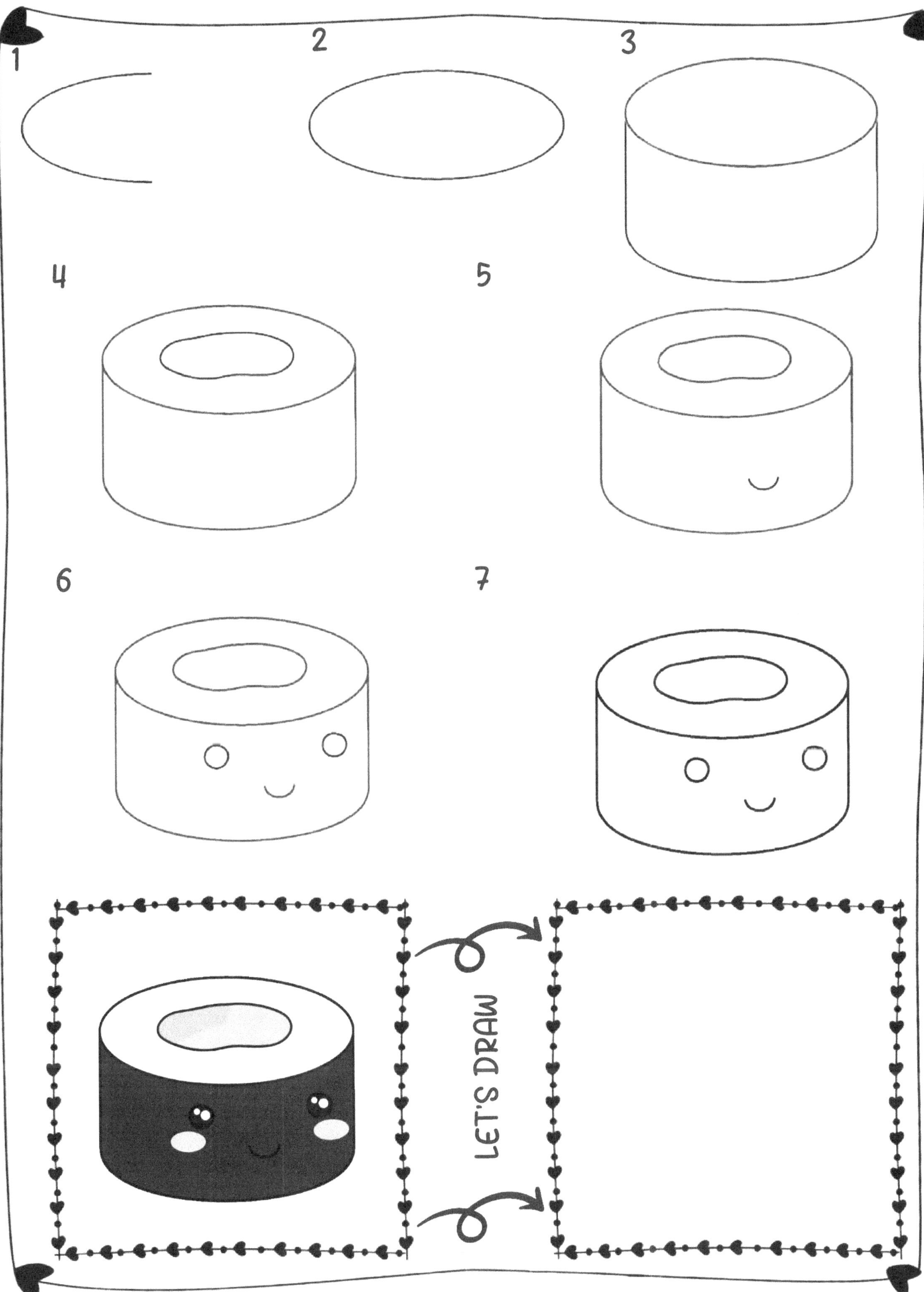

1
2
3
4
5
6
7
LET'S DRAW

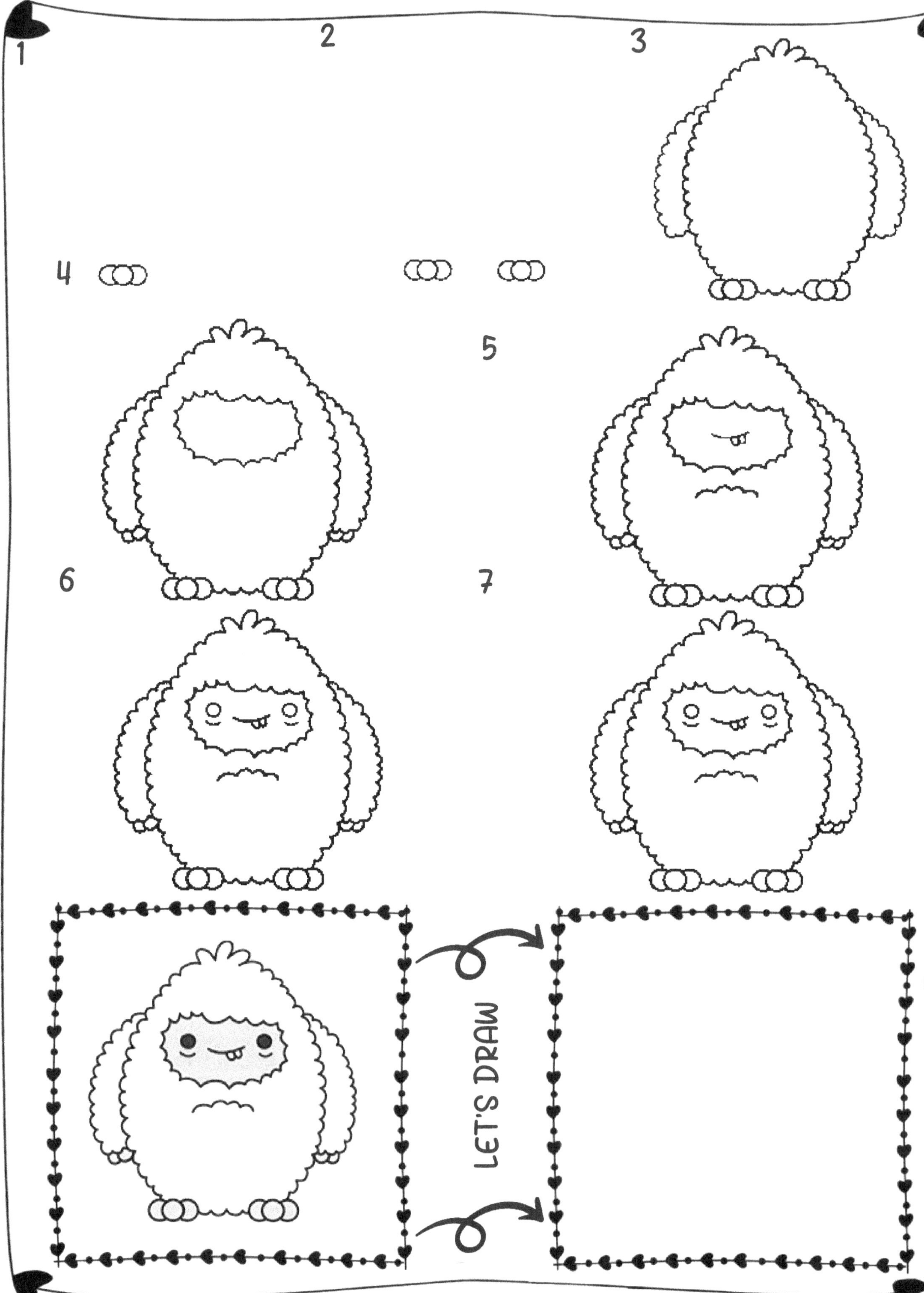

1
2
3
4
5
6
7
LET'S DRAW

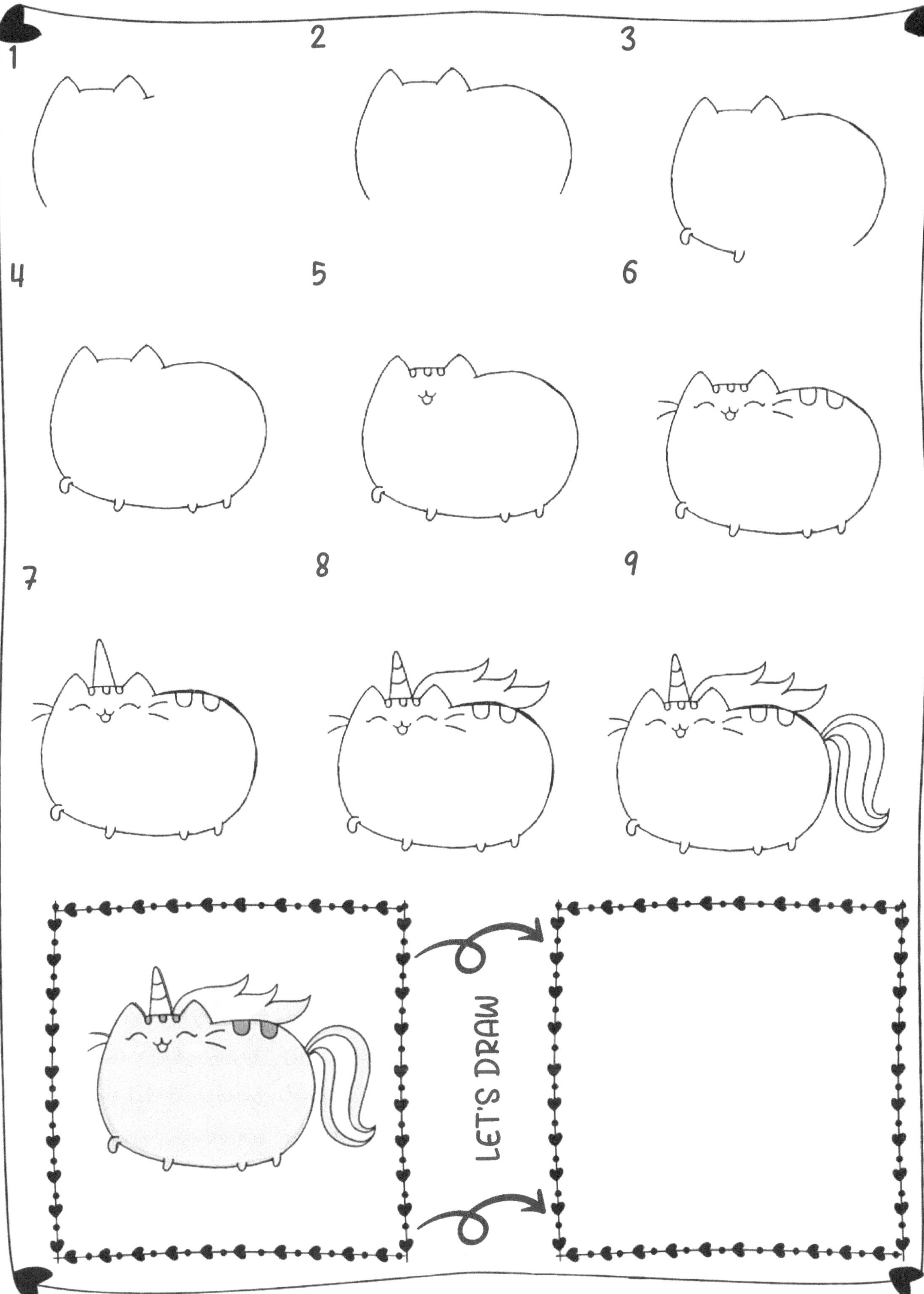
1
2
3
4
5
6
7
8
9
LET'S DRAW

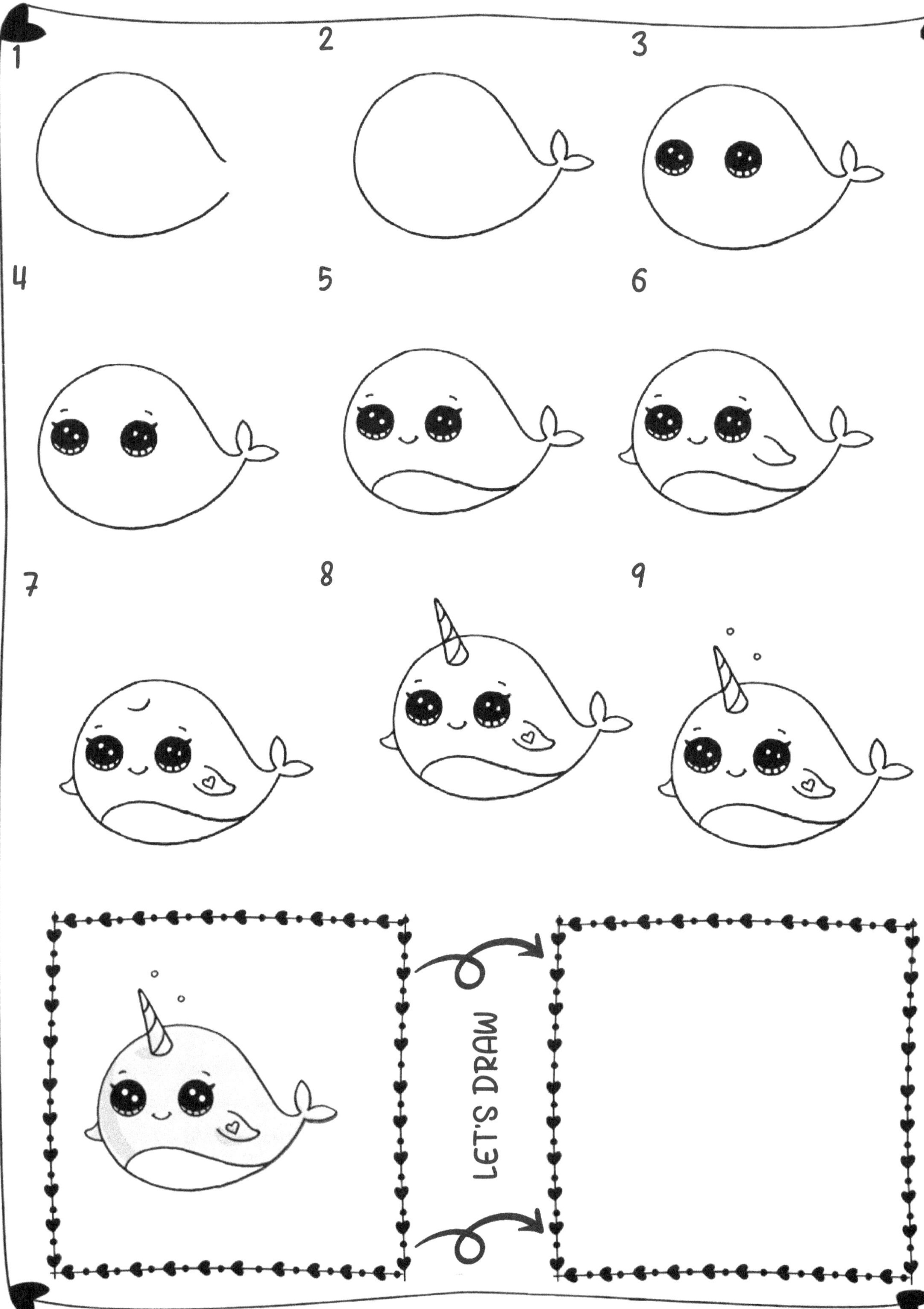
1
2
3
4
5
6
7
8
9
LET'S DRAW

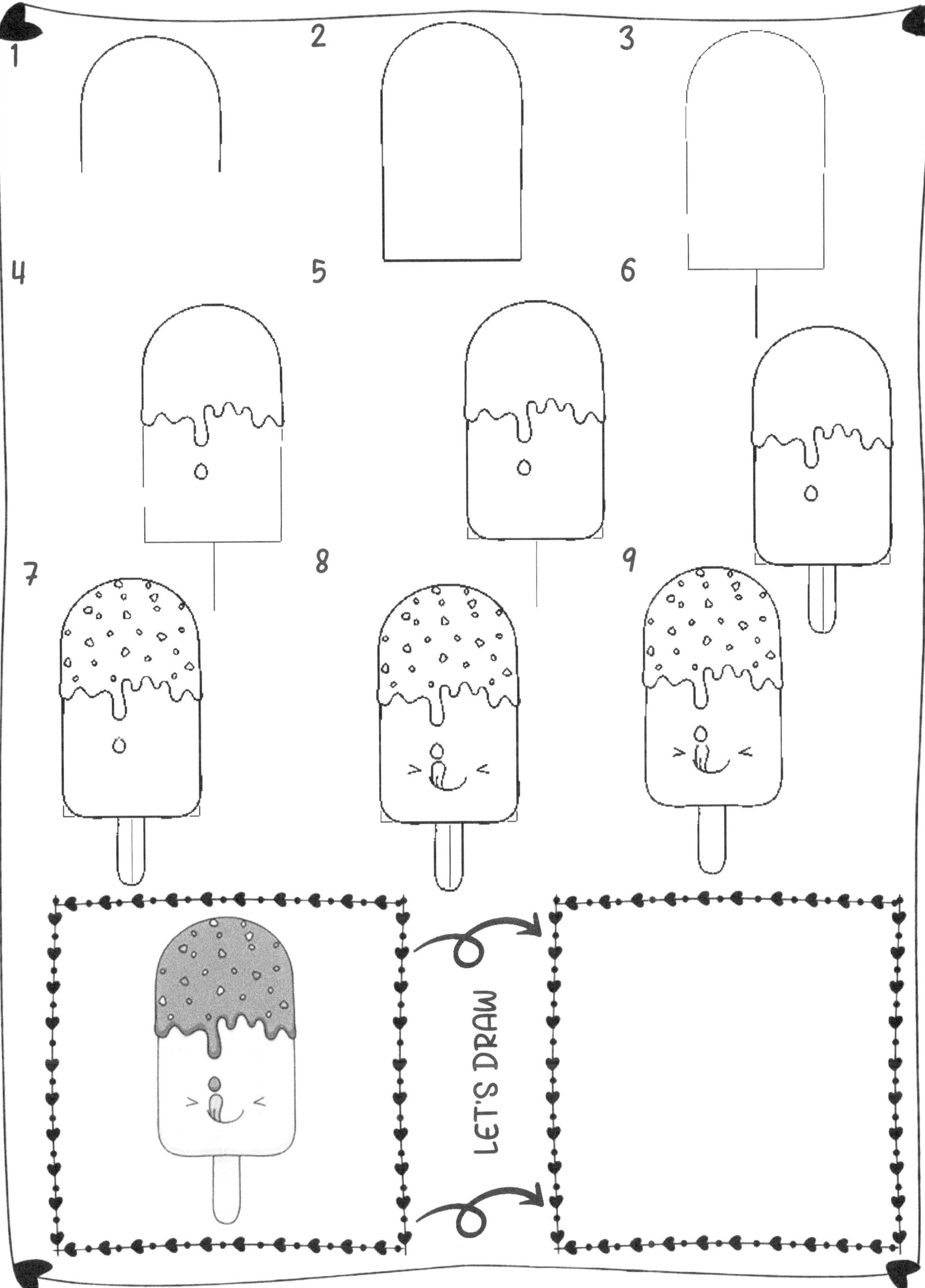
1
2
3
4
5
6
7
8
9
LET'S DRAW

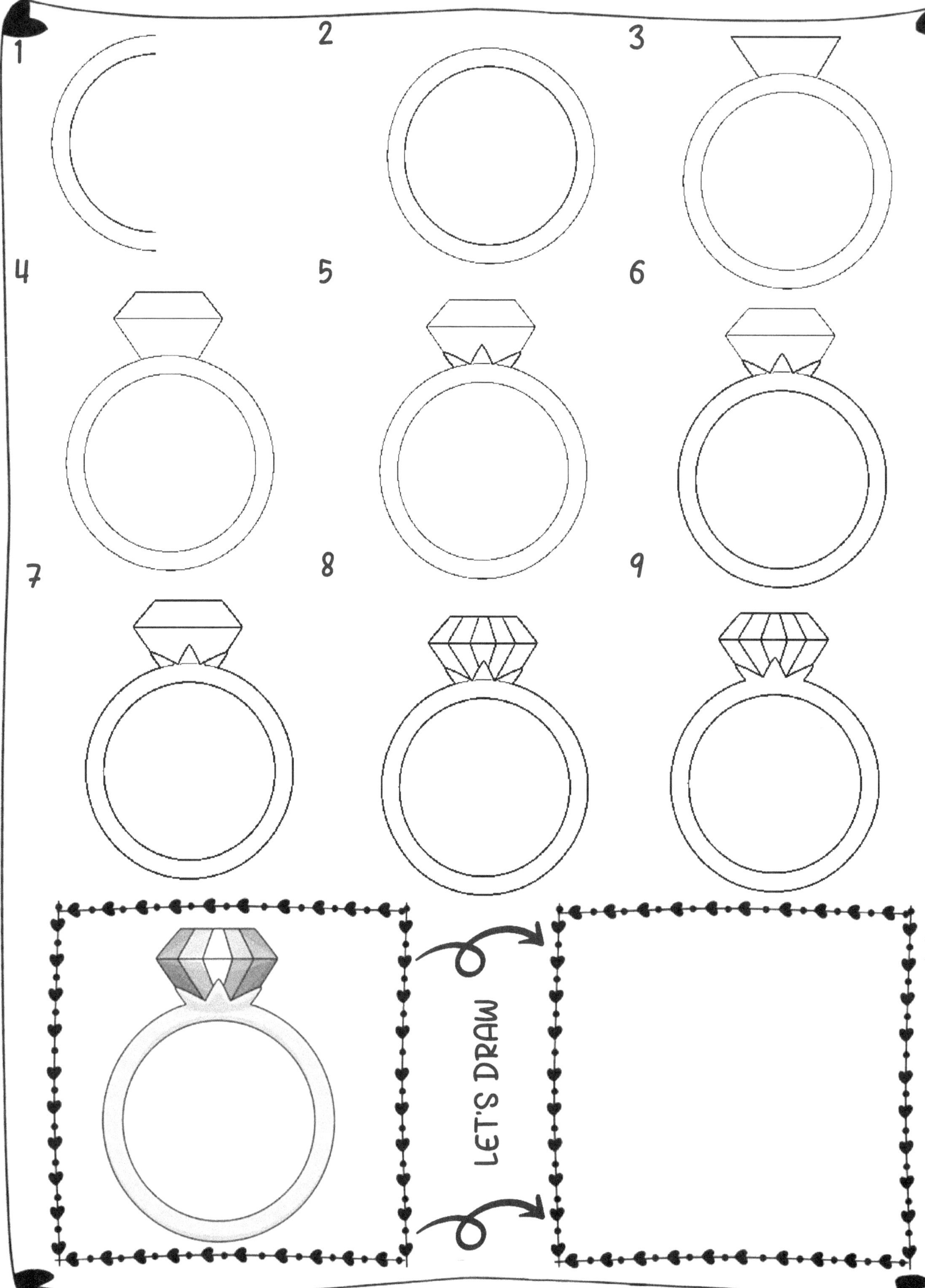

1
2
3
4
5
6
7
8
9
LET'S DRAW

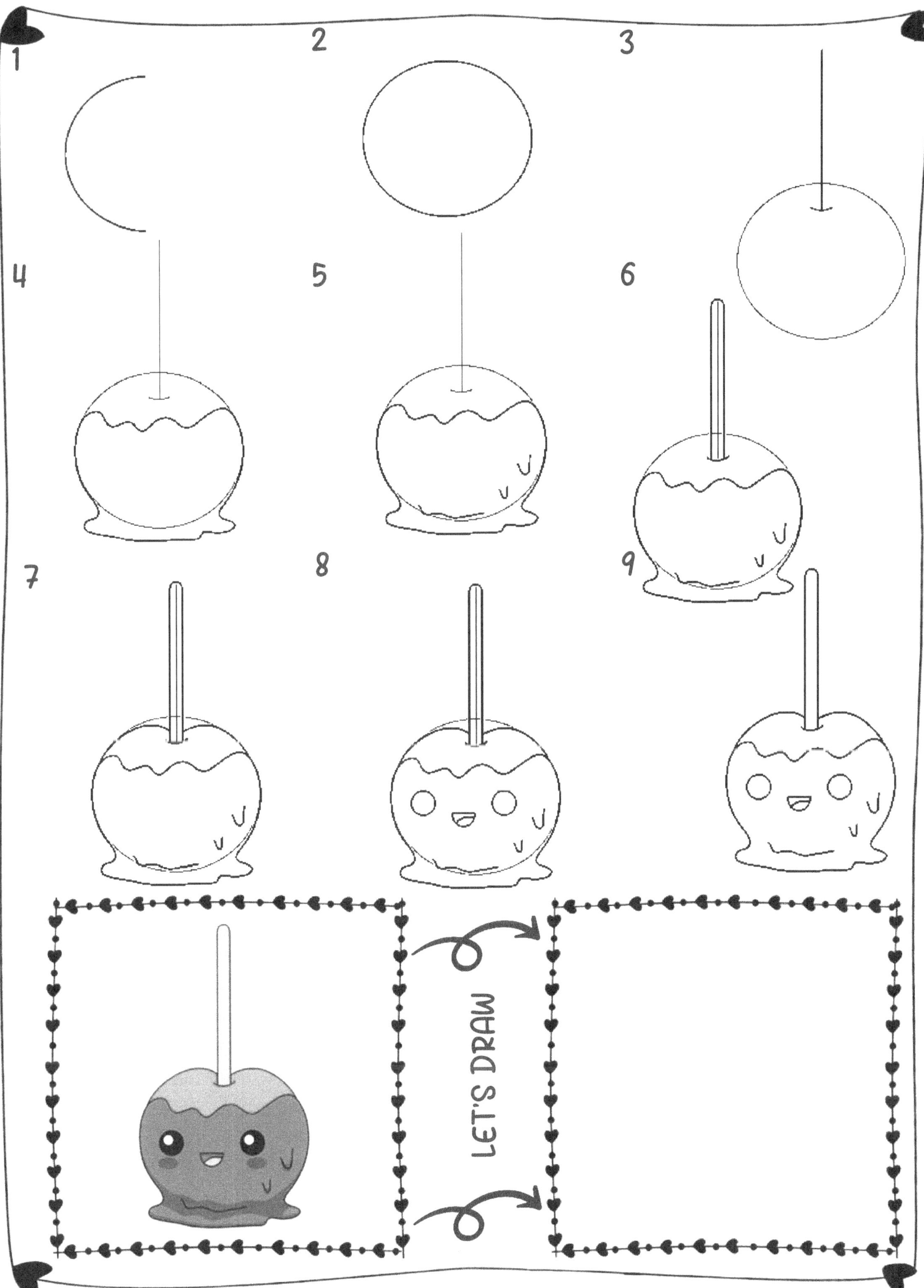
1
2
3
4
5
6
7
8
9
LET'S DRAW

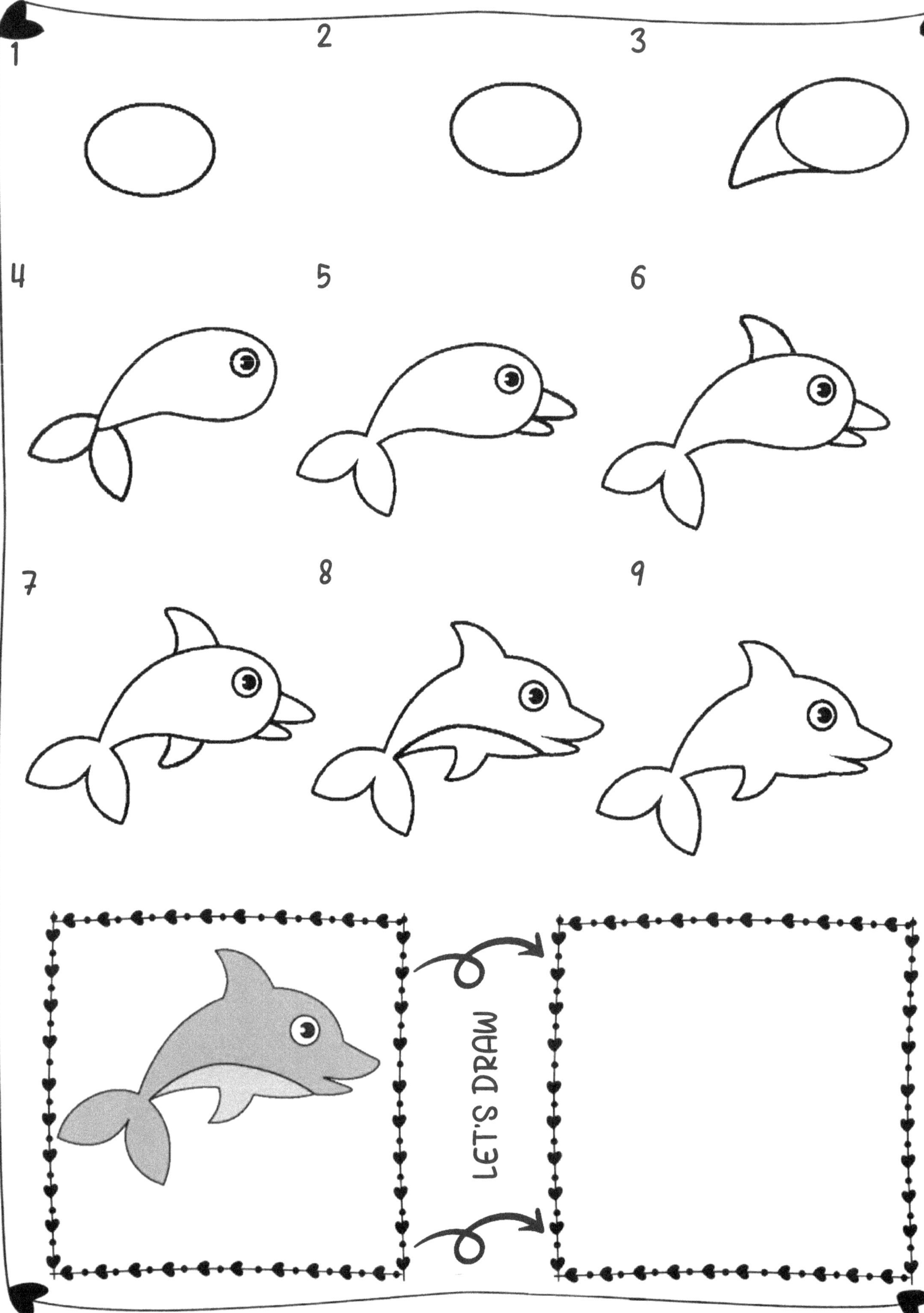

1
2
3
4
5
6
7
8
9
LET'S DRAW

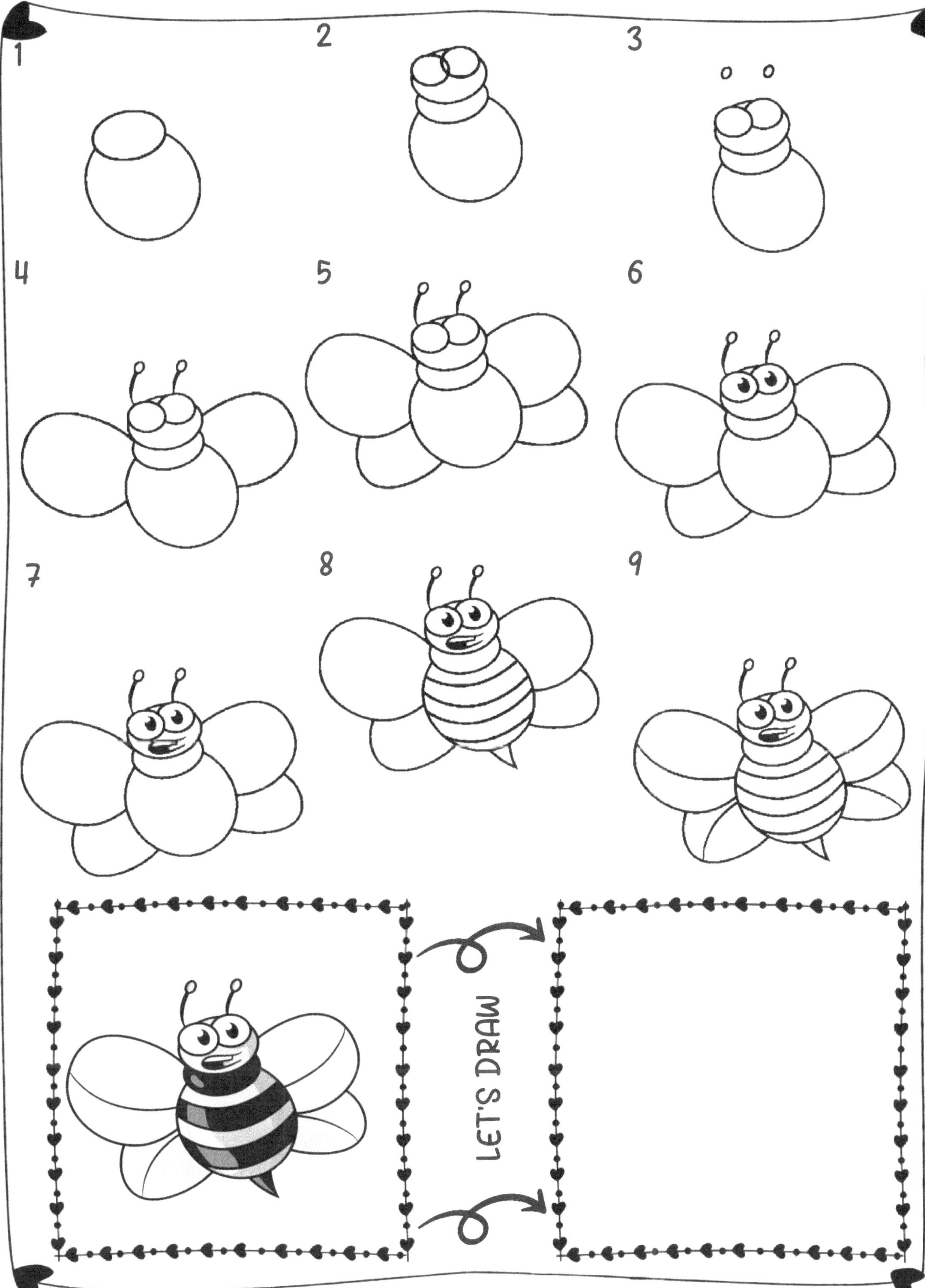

1
2
3
4
5
6
7
8
9
LET'S DRAW

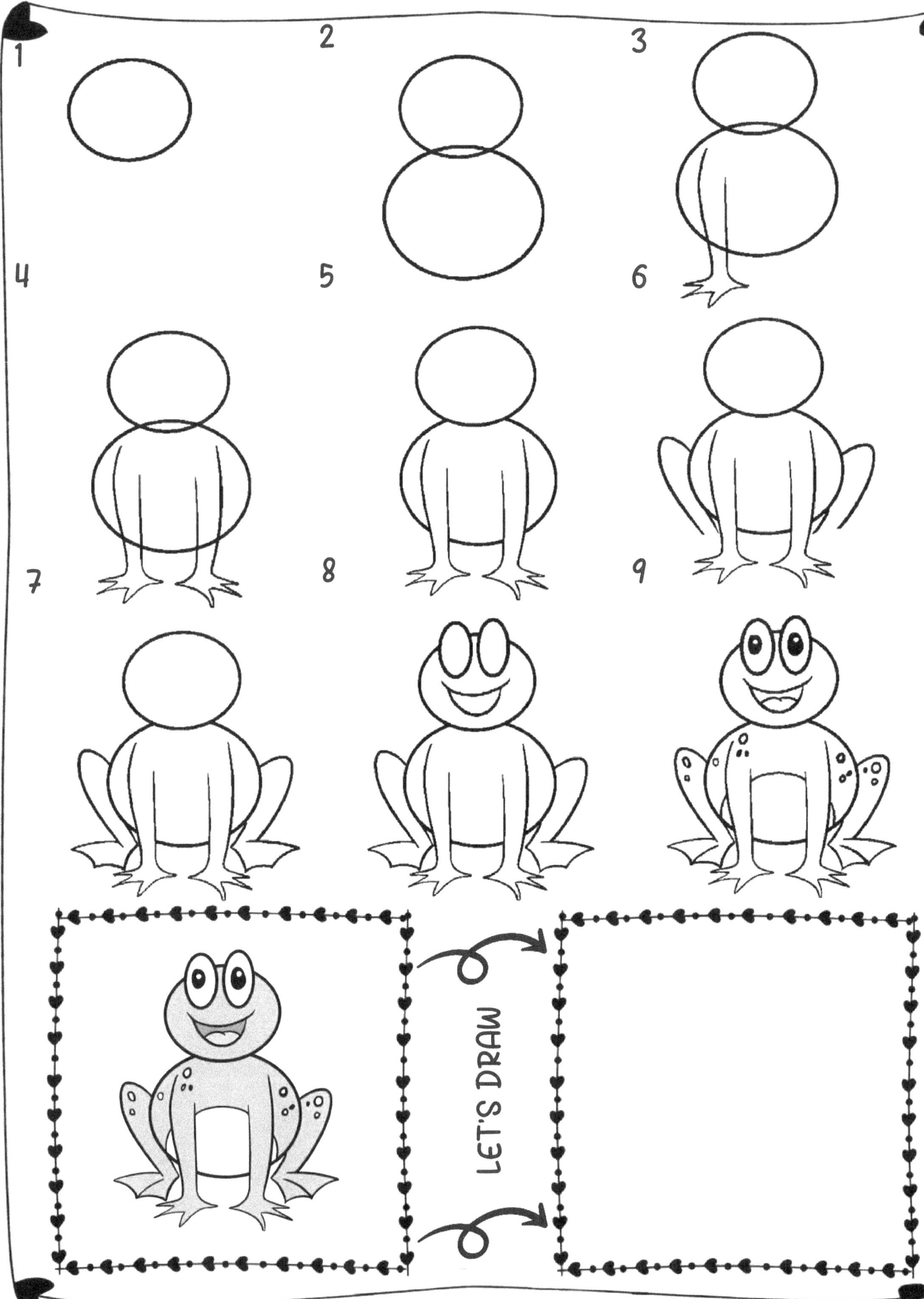

1
2
3
4
5
6
7
8
9
LET'S DRAW

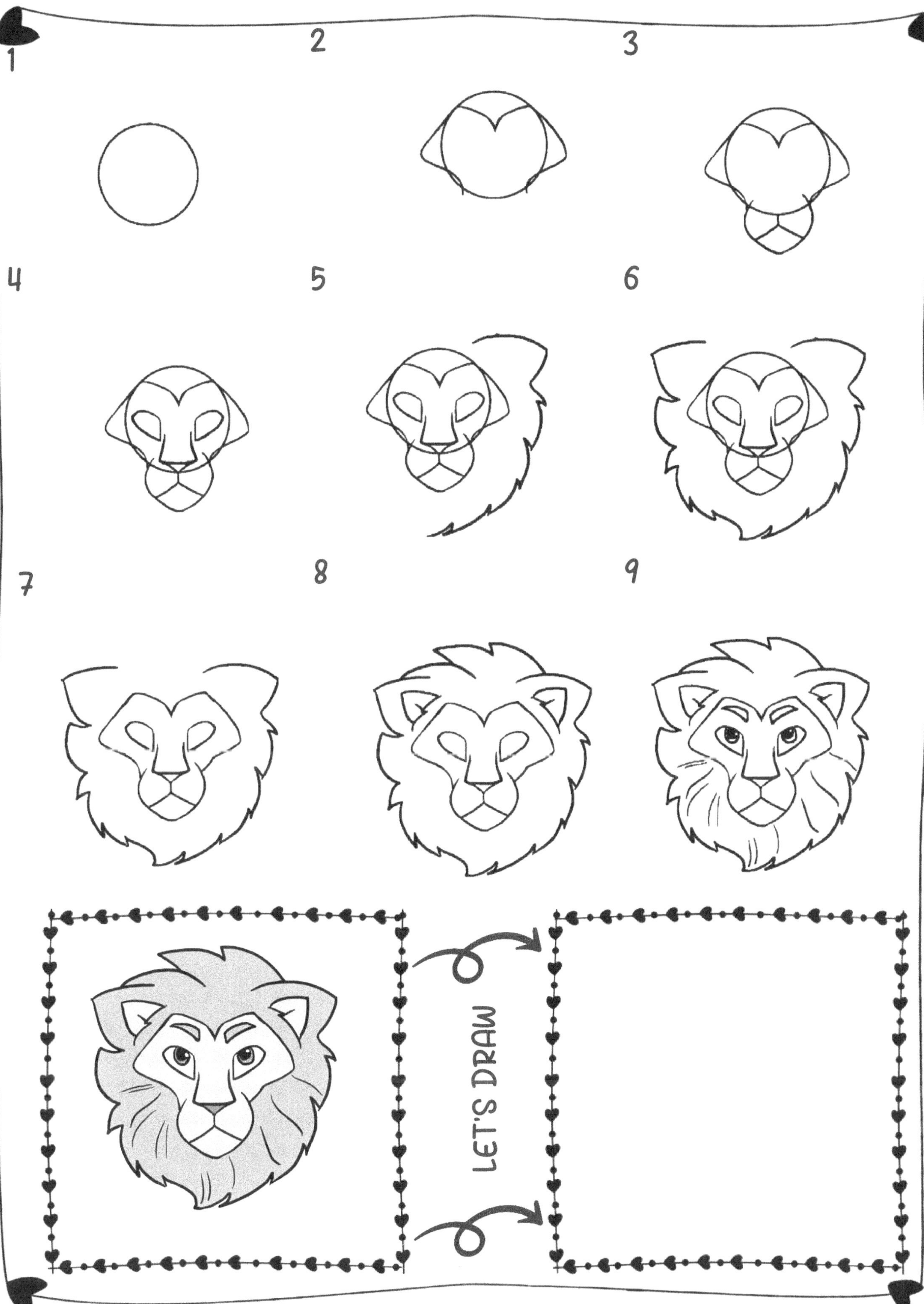

1
2
3
4
5
6
7
8
9
LET'S DRAW

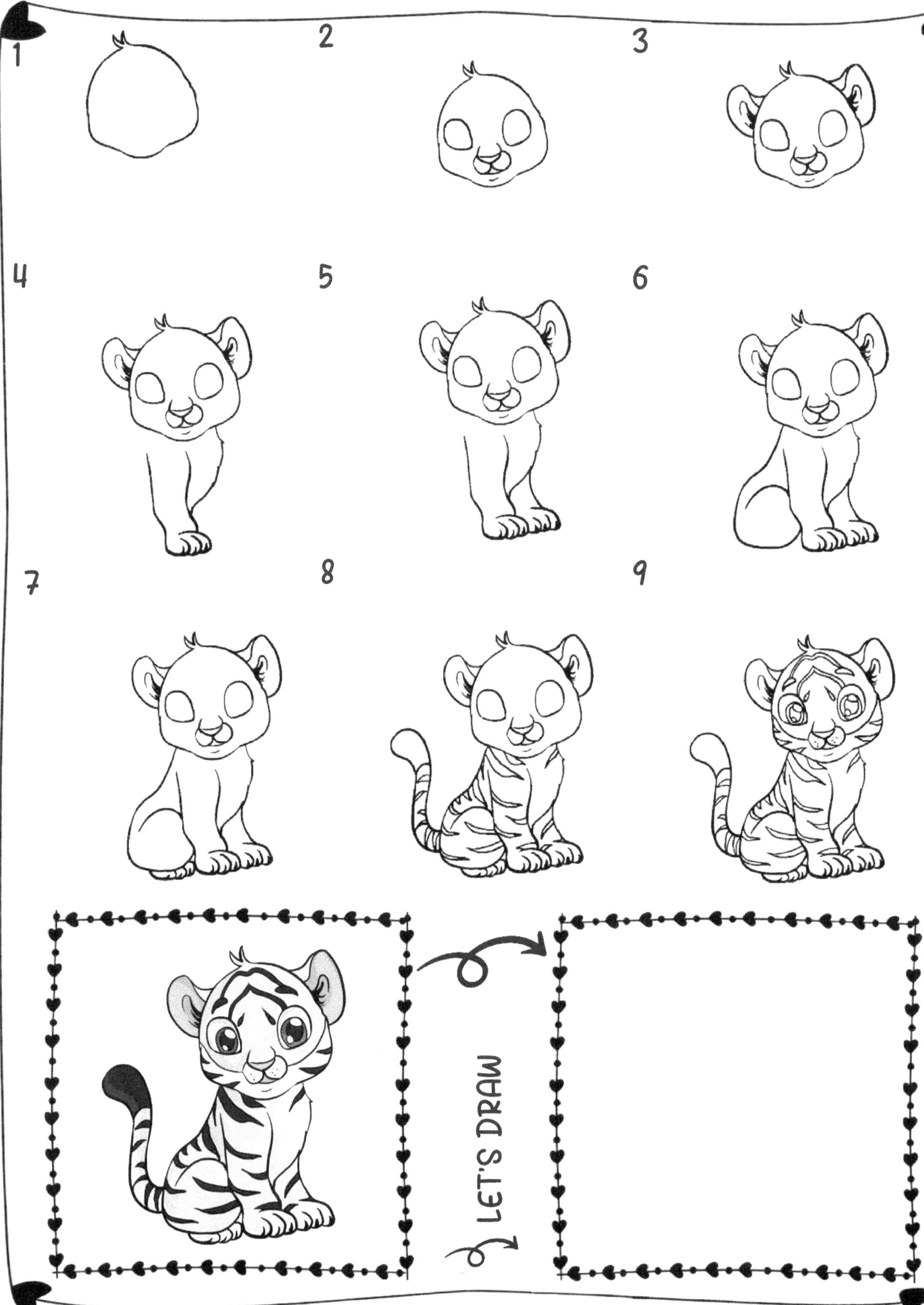

1
2
3
4
5
6
7
8
9
LET'S DRAW

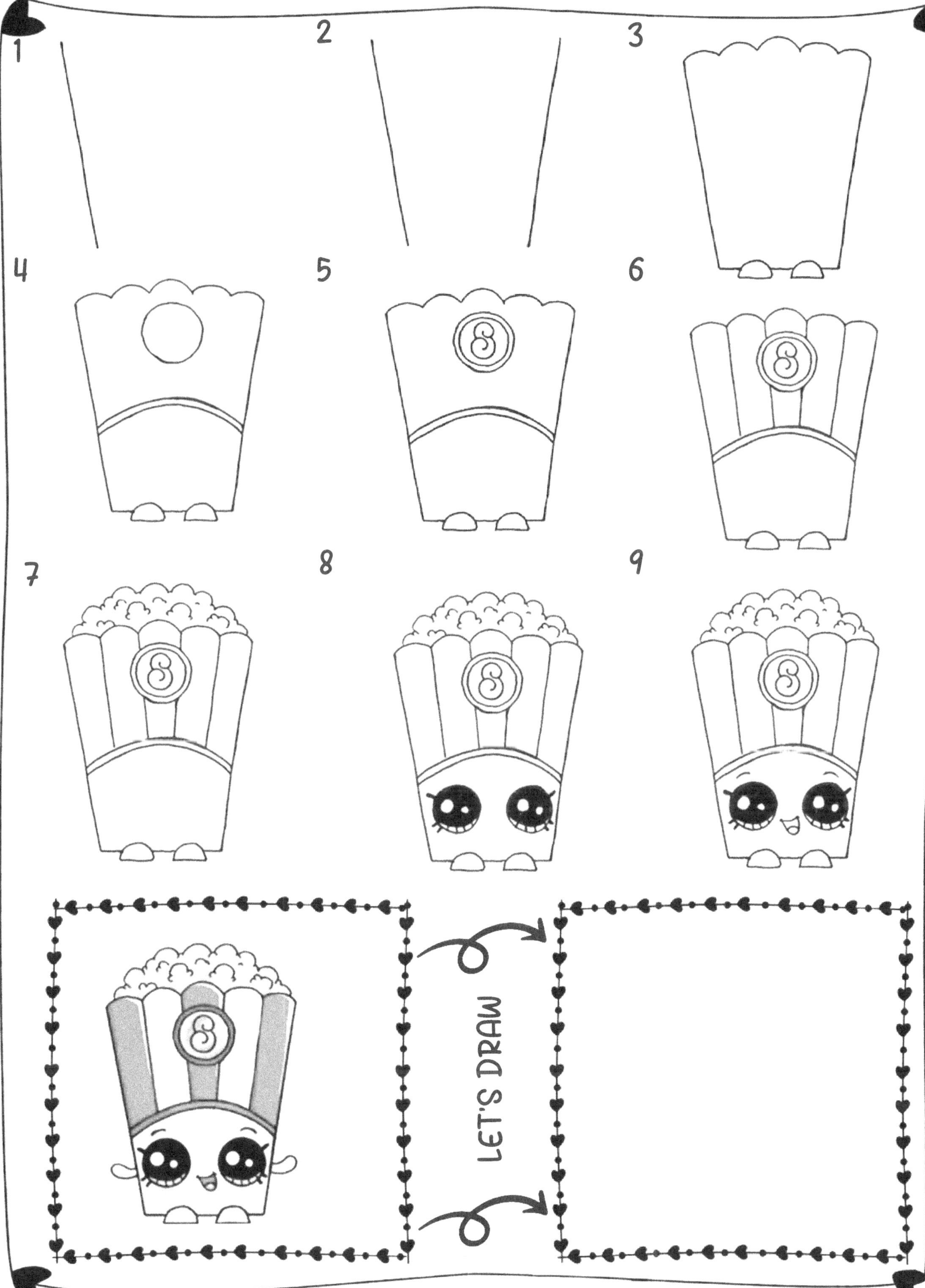

1
2
3
4
5
6
7
8
9
LET'S DRAW

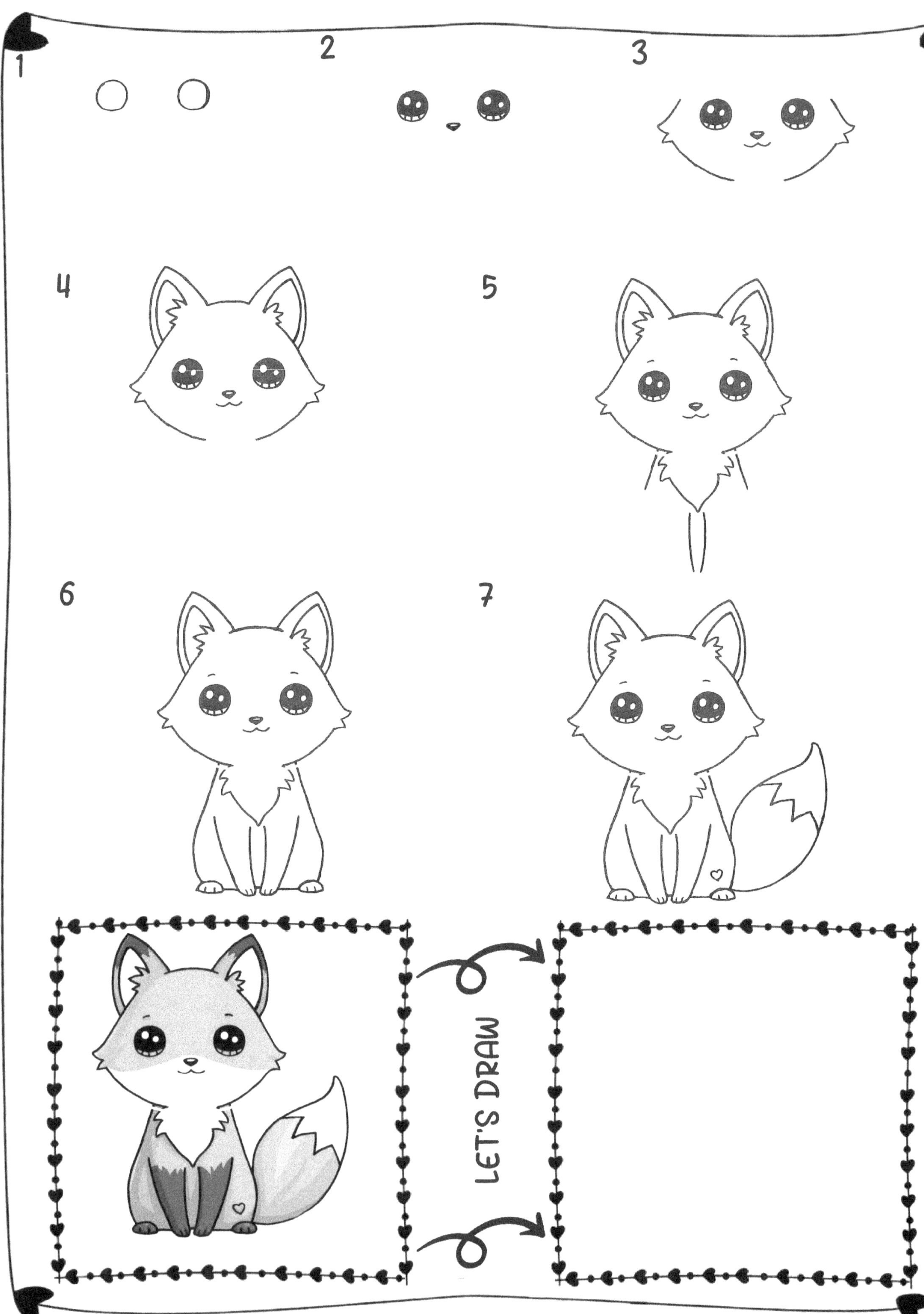

LET'S DRAW

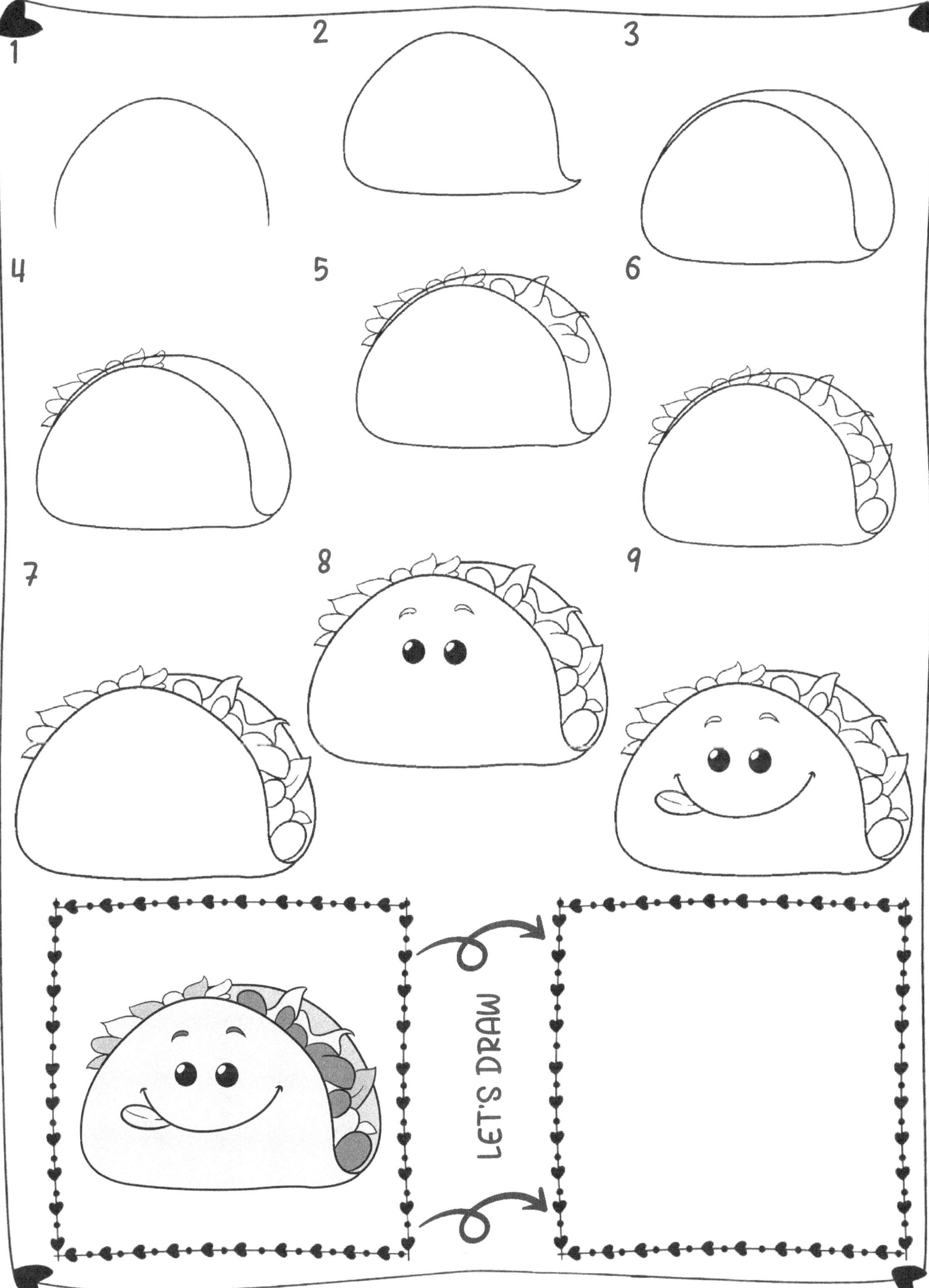
1
2
3
4
5
6
7
8
9
LET'S DRAW

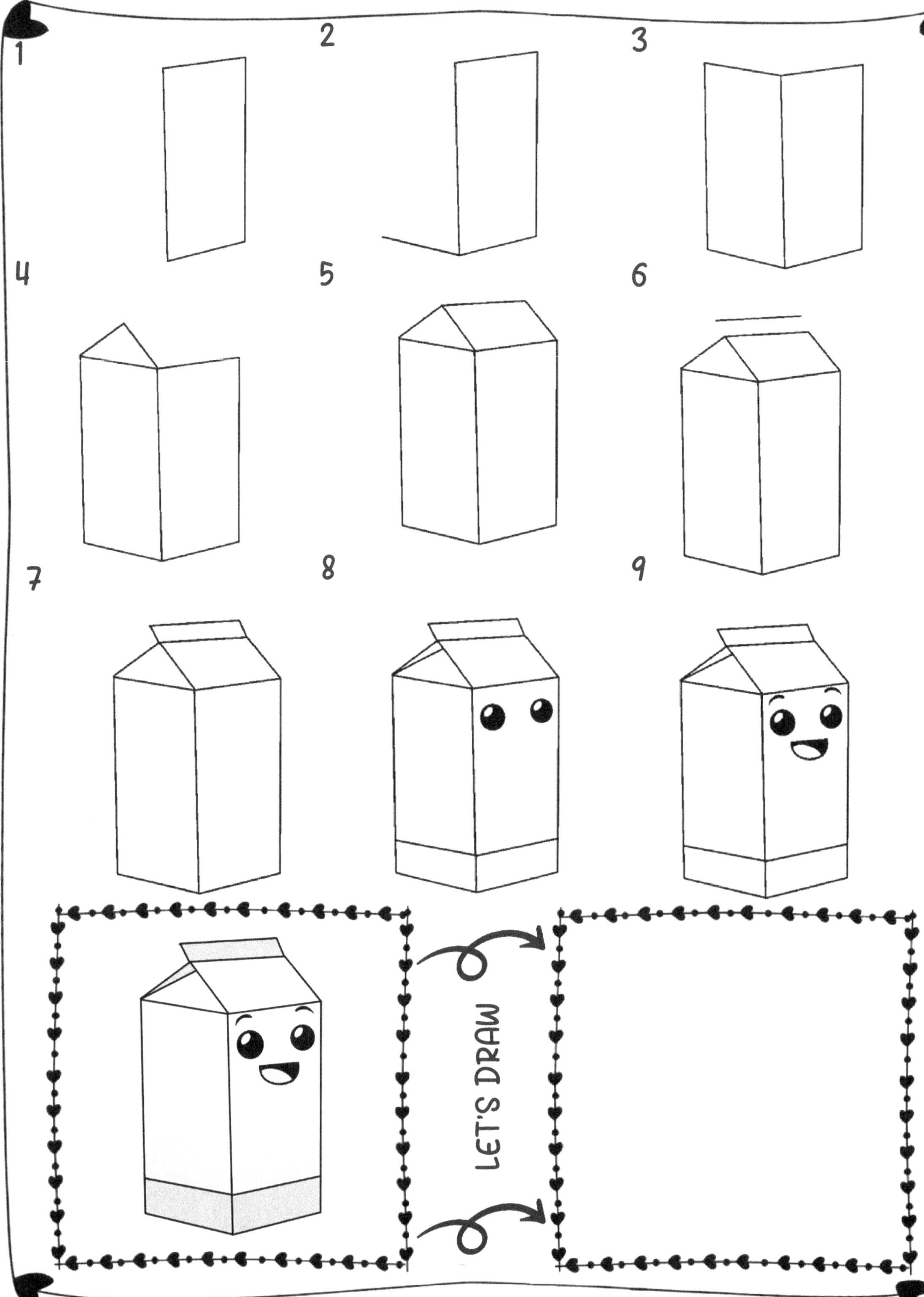

1
2
3
4
5
6
7
8
9
LET'S DRAW

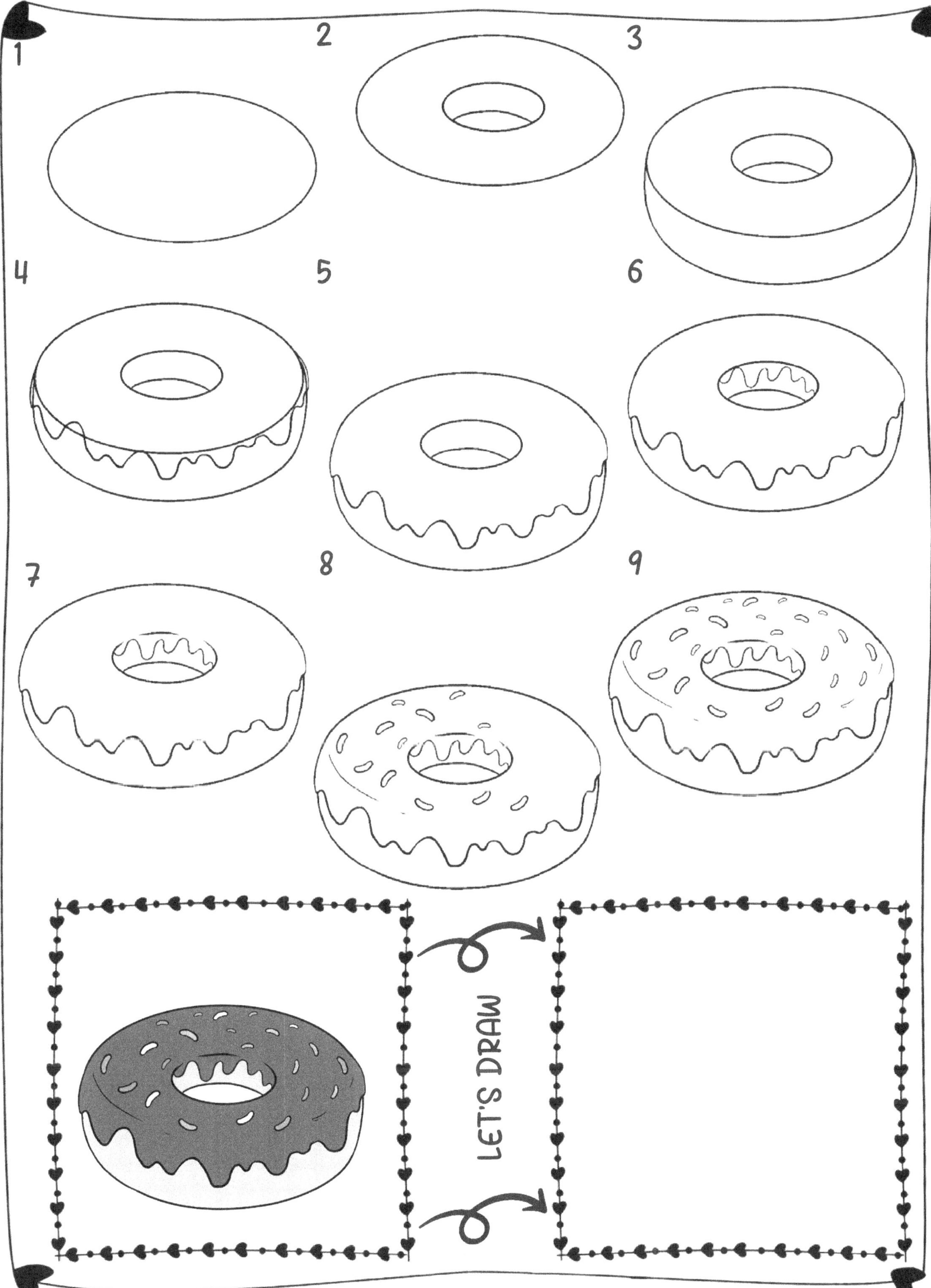

1
2
3
4
5
6
7
8
9
LET'S DRAW

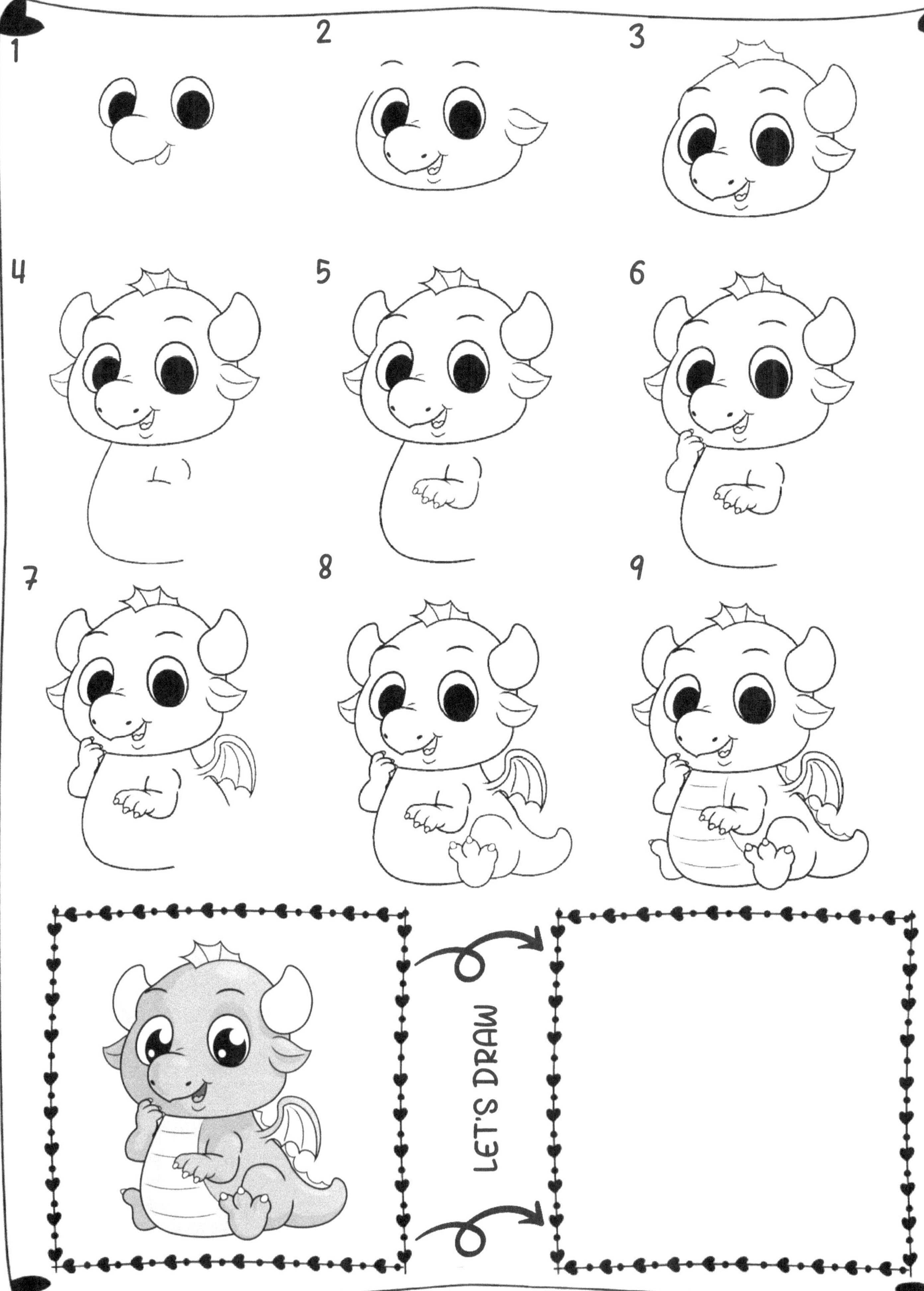

1
2
3
4
5
6
7
8
9
LET'S DRAW

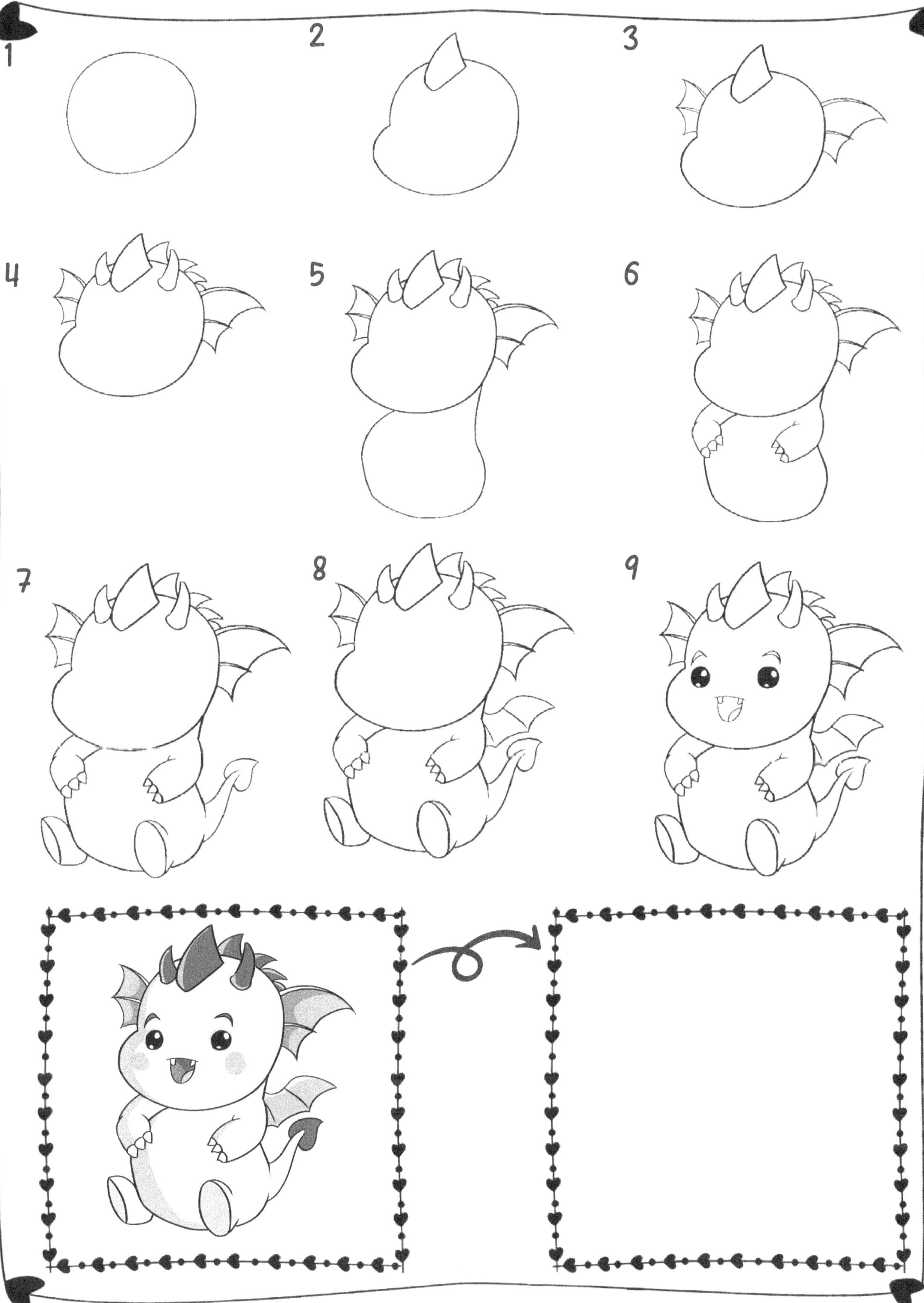

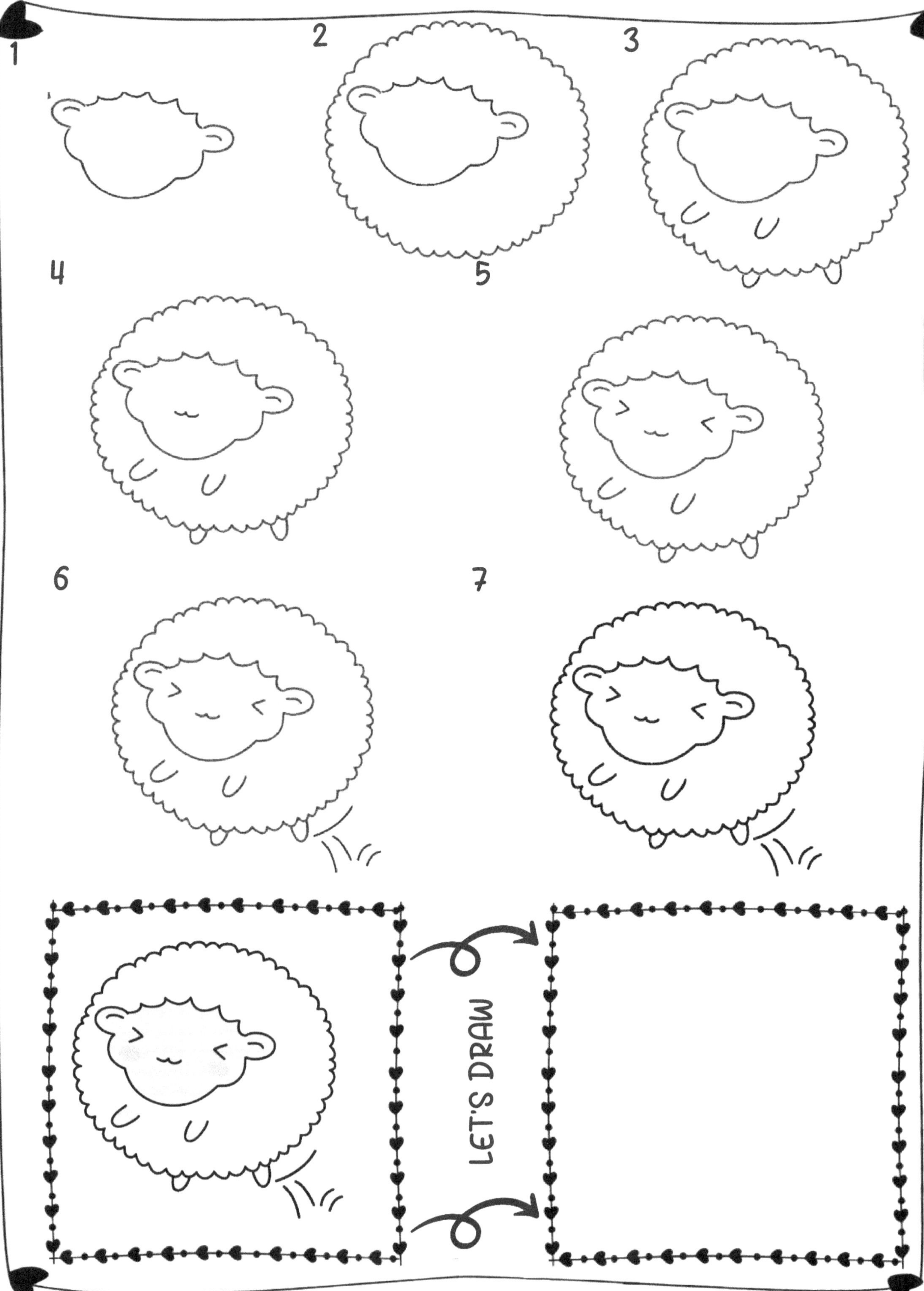

1
2
3
4
5
6
7
LET'S DRAW

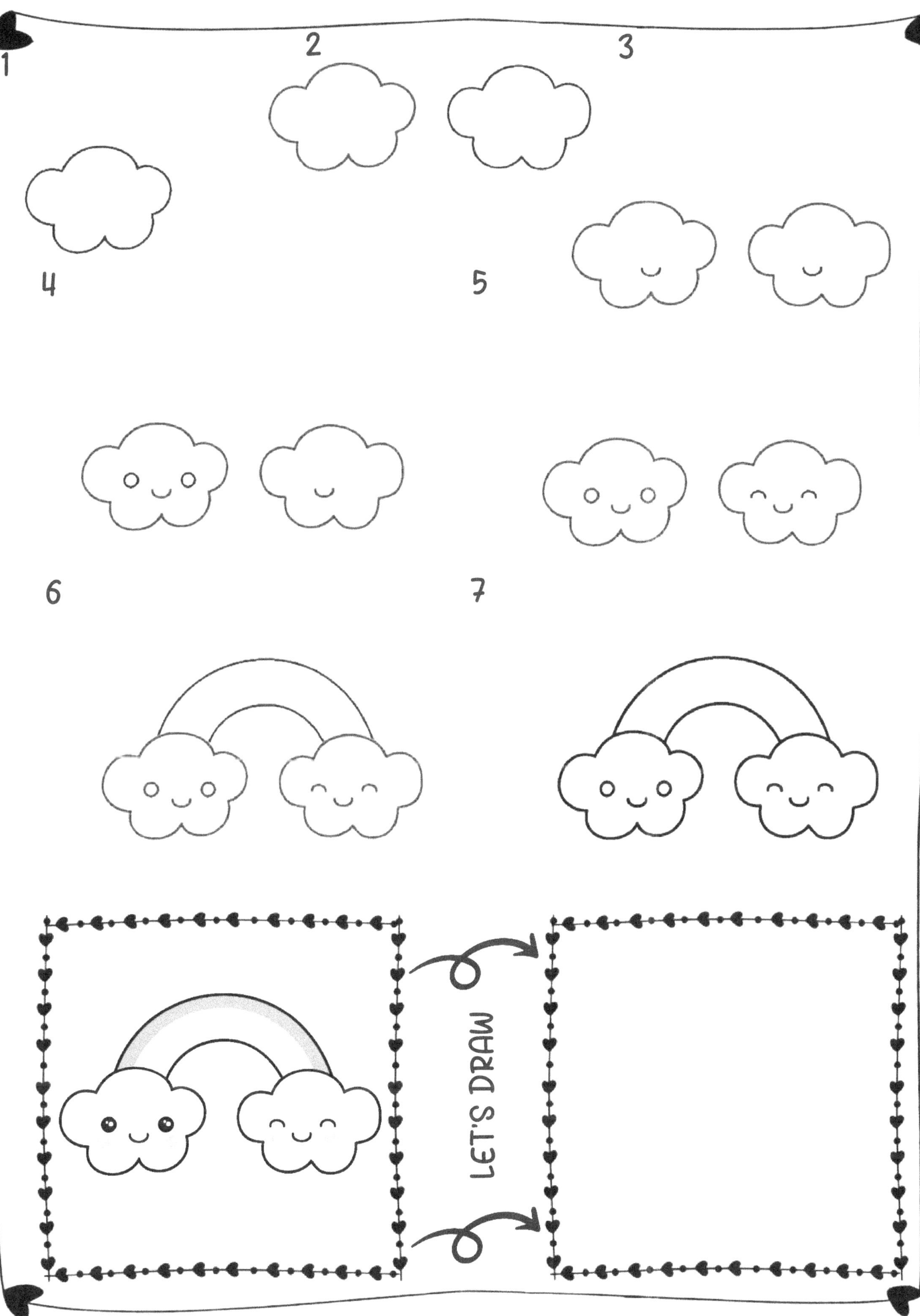

1
2
3
4
5
6
7
LET'S DRAW

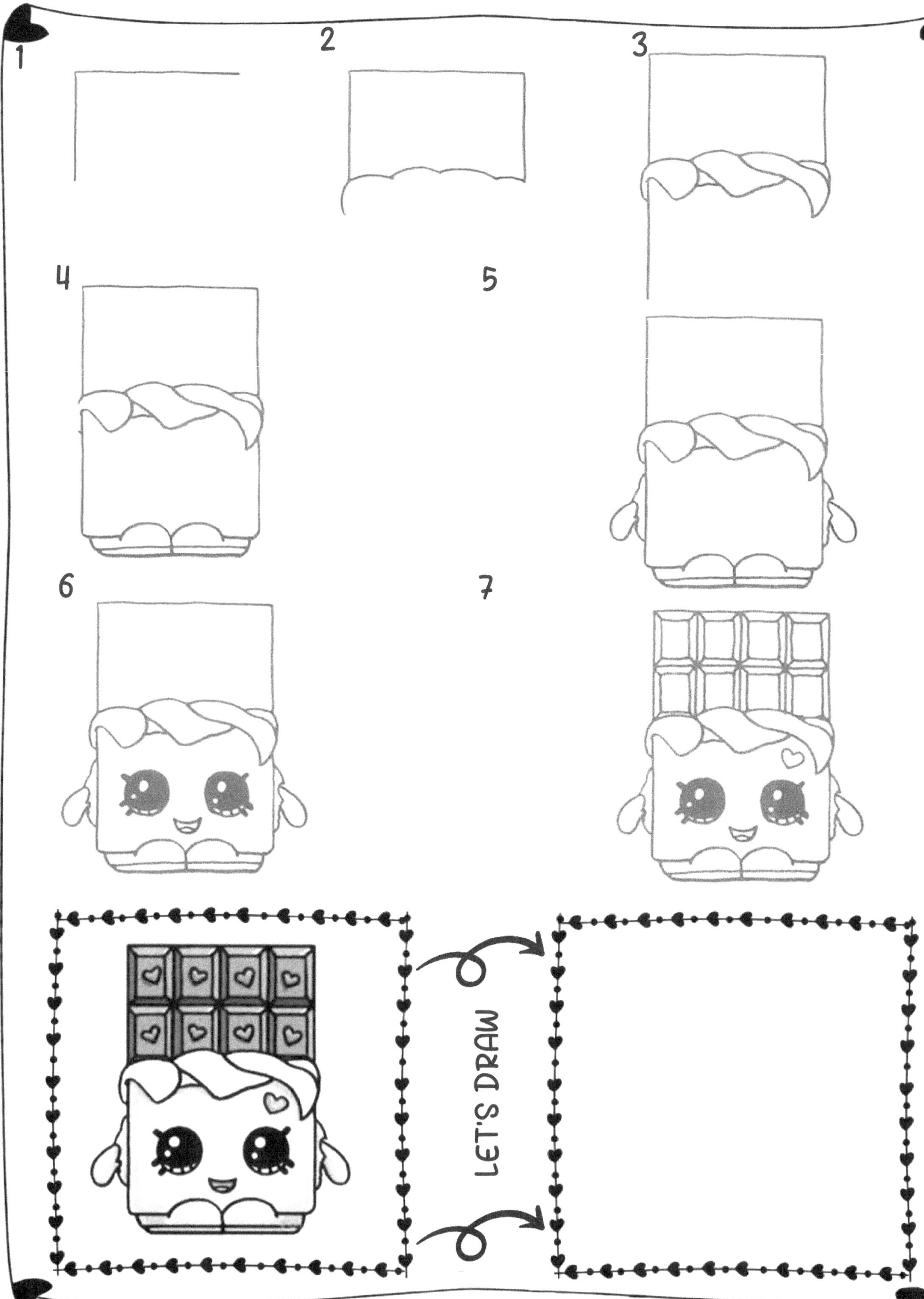
1
2
3
4
5
6
7
LET'S DRAW

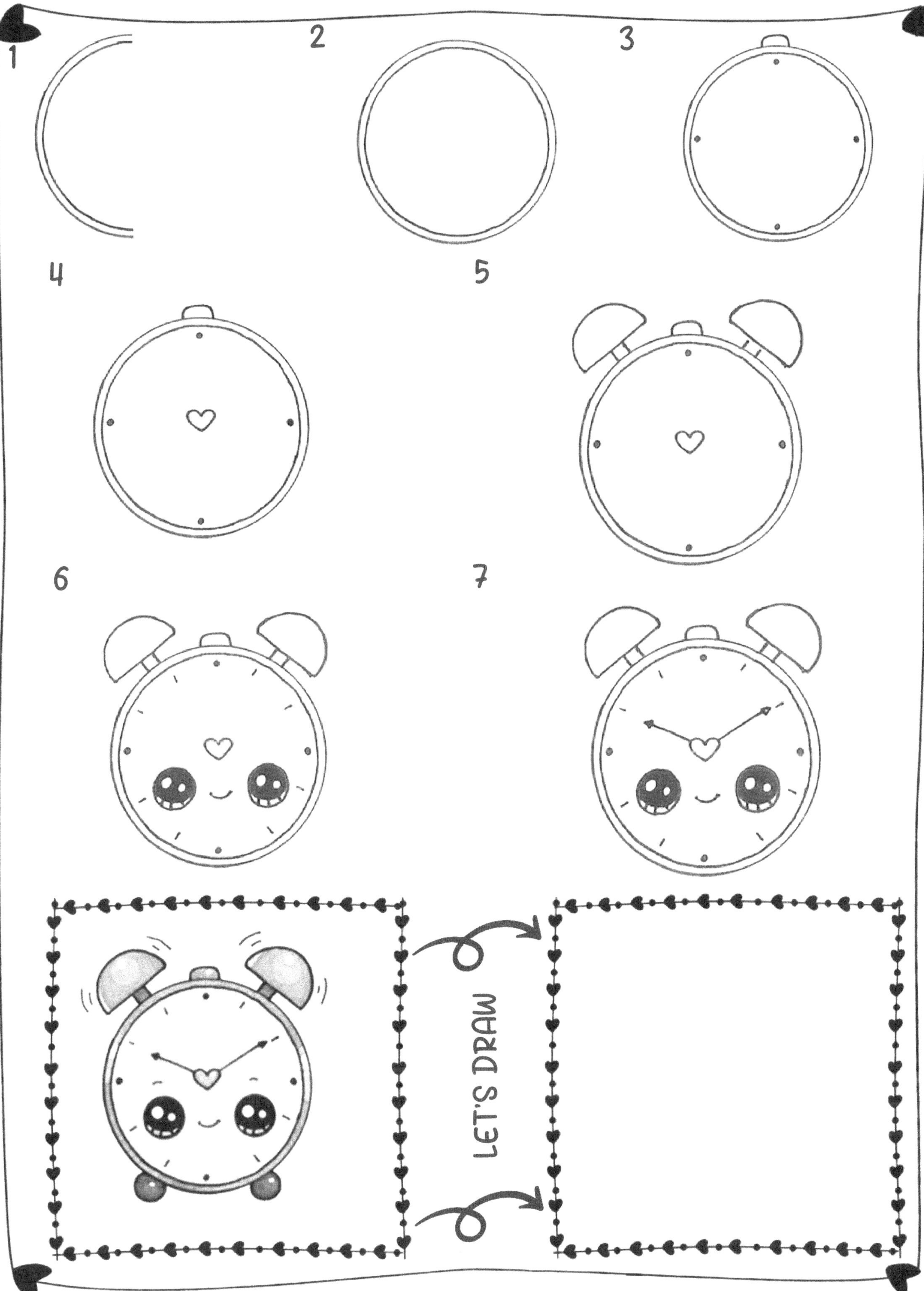

1
2
3
4
5
6
7
LET'S DRAW

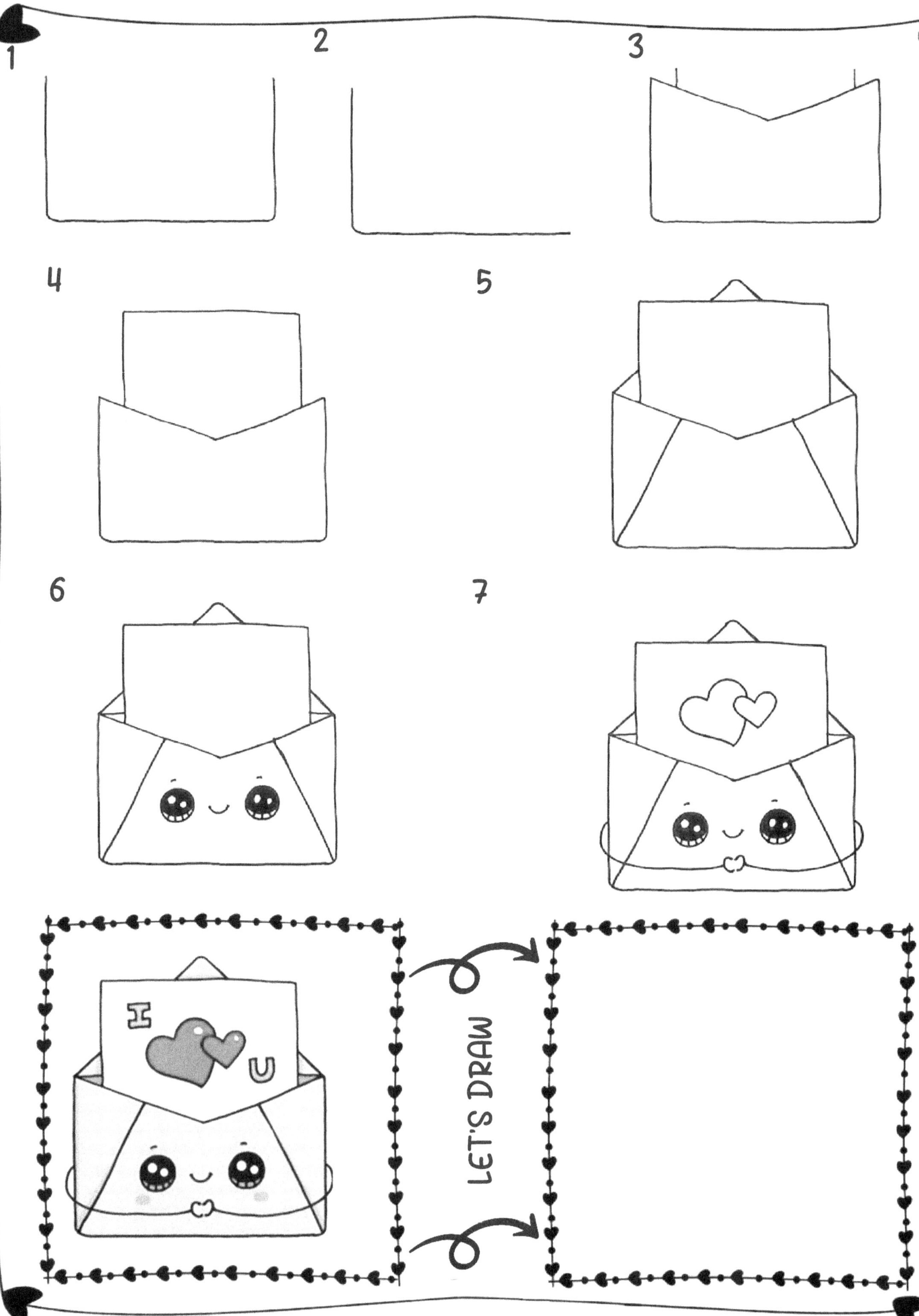
1
2
3
4
5
6
7
H
U
LET'S DRAW

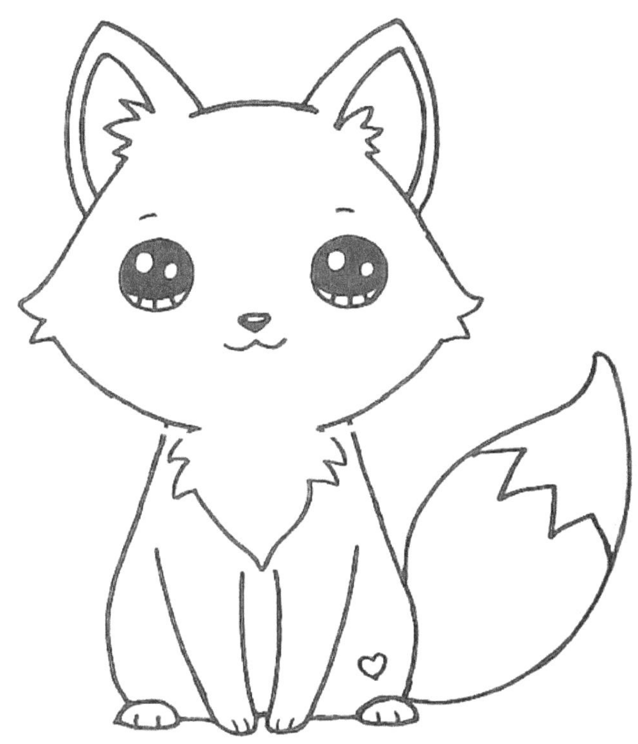

Gracias por elegir este libro. Esperamos que hayas disfrutado cada p gina de este libro y hayas aprendido a dibujar paso a paso y crear tu propio arte.

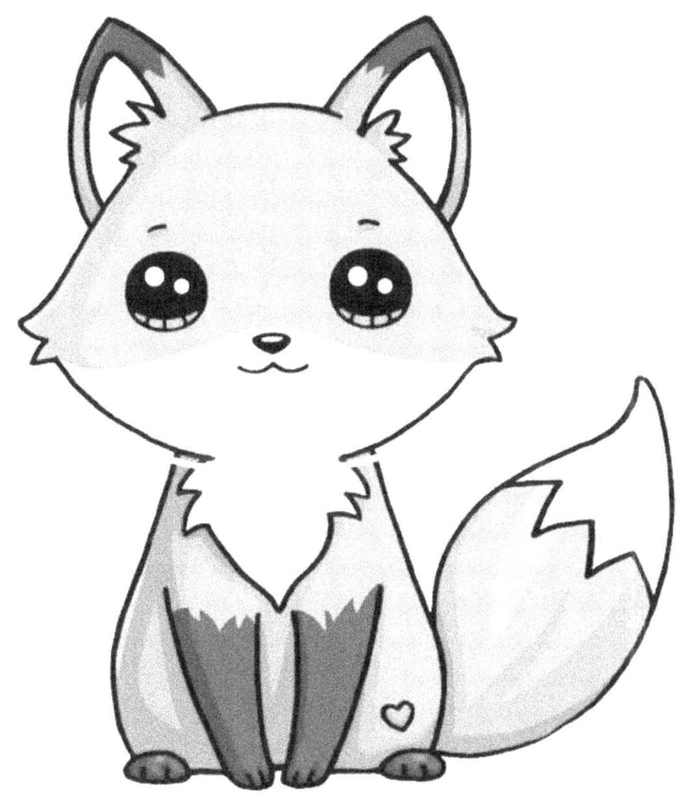

www.ingramcontent.com/pod-product-compliance
Lightning Source LLC
Chambersburg PA
CBHW080221260726
48658CB00008B/2961